シリーズ 食を学ぶ

食科学入門

食の総合的理解のために

朝倉敏夫・井澤裕司・新村 猛・和田有史 編

昭和堂

序　文

　食科学 (Gastronomic Arts and Sciences) は、人文科学・社会科学・自然科学における知見を統合的に適用して食に関する諸問題を研究し、あるいは解決を図る学際的な学問領域である。

　人類にとって食は生命を育むもっとも密接で欠くべからざる要素であり、人類はその英知を食の理解、進化に費やし、人類の歴史とともに食にまつわる学問が発展してきた。古来、穀物の収穫量増大や食品の保存技術として農学や発酵学の礎を築き、中世に入って食は宗教や政治、人々の習慣と結びつき、これらを理解し、体系化するために文化人類学や歴史学、地理学が形成されていった。そして近代、経済活動の一領域を担う食産業の発展を実現するため、経済学や経営学が食を対象とした研究を実践するようになってきている。

　一方、食研究に関する歴史を顧みれば、それぞれの課題と必要に応じて自然科学・人文科学・社会科学が個別の研究を実践してきたため、食を中心軸とした統合的学問としての食科学は体系化されずに現代に至っている。21 世紀に入り、人類社会はグローバリゼーションと異文化理解、人口爆発と食糧安全保障、生命工学や情報工学の発展と食の安全・生命倫理など、単一領域の知見で解決できない課題を抱えており、食を統合的に学び、研究する食科学領域の確立が急務となっている。

　近年、新進的な教育機関では食を中心軸として研究・教育しようという試みが世界中でなされている。アメリカのコーネル大学ホテル経営大学院 (School of Hotel Administration) や、イタリアの食科学大学、台湾の国立高雄餐旅大学や輔仁大学餐旅管理学科などでは、すでに教育カリキュラムが設置され、多くの専門家を輩出している。しかし、いずれの例も人文・社会・自然科学のいずれかの領域に立脚した教学内容であり、充分な学際的アプローチによる教育研究に至っていない。

　わが国においてもようやく、立命館大学が 2018 年に食マネジメント学部を設置し、フードカルチャー（人文科学）、フードマネジメント（社会科学）、フー

ドテクノロジー（自然科学）の3領域にわたるカリキュラムを編成し、今後の食研究における方向性を示すことが期待されている。

　このような社会的要請を踏まえ、食科学において修得するべき内容を網羅した体系書として、「シリーズ食を学ぶ」を刊行する。本シリーズの編集過程を通じて、まず従来さまざまな分野で実践されてきた食研究を食科学体系として再編するとともに、現時点における食研究の到達点および今後の研究課題を明確にすることで、現時点および将来の指針となれば幸いである。

　第1巻は、本シリーズの総論的位置づけである。食科学にまつわる研究を網羅的に俯瞰し、今後学ぶべき学問体系の全体像を理解することを狙いとする。学校教育のみならず、広く食に携わるビジネスパーソン、公共機関職員、農林水産事業者、食ジャーナリストなど、食をキーワードとしたすべての職業人・研究者にとって改めて「食を学ぶ」基本書としての役割も果たすことができるよう、実践的内容も盛り込まれている。次巻以降は、叢書の各論として順次刊行し、各領域におけるより深い理解を図る予定である。

編　者

もくじ

第1部　フードカルチャー

第1章　食と言語・文化
——人は食をどう認識するのか　3

1　生活文化としての食文化　4
2　食のカテゴリー化と認識　5
3　食べ物の「ふさわしさ」とは　8
4　宗教的禁忌　14
5　国際化時代に向かって　19

　　　コラム ◉ パンとジャムで風邪を治す!?　21

第2章　食と地理学
——なぜそこではそれを食べているのか　23

1　地理学とは　24
2　食の地理学とは　29
3　食の地理学の今とこれから　35

　　　コラム ◉「どこに何があるのか」再考　38

第3章　食と歴史学
——食から歴史を読み解けるか　39

1　食の歴史学とは　40
2　食から世界史を考える　41
3　日本における食の変遷を考える　49

　　　コラム ◉ 食品偽装問題の長い歴史　55

第2部　フードマネジメント

第4章　食と社会学
——食べるモノ・コトからみる社会　59

1　共食から生まれた社会　60
2　身近な食の場面から見える社会　64
3　グローバルなフードシステムの危機　68
4　オルタナティブな食　72

コラム ◉ 台所から社会を考える　75

第5章　食と経済学
——市場を通じた食の取引　77

1　「食」を売り買いすることの意味　78
2　需要と供給　80
3　市場の役割と失敗　83
4　付加価値の生産　87
5　生産物の選択と機会費用　89
6　食の選択行動　92
7　政策の必要性と失敗　94

コラム ◉ 食に関わる産業とは？　97

第6章　食と経営学
——食を支えるマネジメントシステム　99

1　食の経営史　100
2　食ビジネスと経営学　102
3　食経営学で求められる理論体系　105

コラム ◉ 医食同源に向けて　116

第3部　フードテクノロジー

第7章　食のこころへの働き
──おいしさ、まずさを感じるメカニズム　119

1 食とこころの関係を見直す　120
2 食と感覚・知覚　120
3 視覚と触覚　125
4 学習と好悪　128
5 社会的・認知的要因　130

　　　コラム ◉ 食品の官能評価と心理学　134

第8章　食のからだへの働き
──健康的な食事とは何か　135

1 栄養摂取手段としての食　136
2 健康維持のための食のありかた　148
3 食に期待されるさらなる可能性　151
4 食を見直し食科学を実践する　155

　　　コラム ◉ 氾濫する食情報を正しく読み取ろう　157

第9章　食の価値づくり
──持続的・効率的な供給・消費のために　159

1 食の価値づくりとは　160
2 食の価値設計を考える　166
3 食の生産システムを考える　170
4 食を安全に生産・供給するために　173
5 食の持続可能性をめざして　176

　　　コラム ◉ 顧客満足のためには、従業員満足が大事!?　178

終章 食科学の確立をめざして
――文化人類学の立場から　179

1　食の文化を学ぶ　180
2　食科学とは　182
3　食科学は自然科学？　家政学？　185
4　ガストロノミー　187
5　食科学の方法論　189
6　食科学の将来　190
7　おわりに　192

コラム ◉「ご飯」から広がる食科学研究　195

◉ 執筆者紹介　196

◉ 索　引　198

第 **1** 部

フードカルチャー
Food Culture

人類の歴史や文化の裏側には、必ず「食」が関係しています。土地ごとにさまざまな食材があり、農業や狩猟を基礎として社会と文化が形成されてきました。人類の発展とともに、農業や狩猟技術、調理・加工技術、保存技術、移送技術が発展し、今日の食が形成されました。今日の人間の食のあり方を理解するために、文化や歴史、地理との関わりから考えてみましょう。

第 **1** 章

食と言語・文化
人は食をどう認識するのか

キーワード
カテゴリー化
●
認識
●
文化的価値
●
規範
●
実践
●
禁忌
●
生活文化

この章で学ぶこと

本章では言語・文化から食を考える。

言語はその言語を使う人々の文化を反映した形で発達する。人は言葉を使って考えるので、考えは言葉によってしばられ、影響を受ける。私たちは世界を見るとき、意識的にあるいは無意識的に、理解できる形に世界を切りわけて物事をカテゴリー化する。だから文化人類学や認識人類学では言語の分析を通して文化のあり方を明らかにする試みがなされる。

文化とは高尚な芸術だけではない。日常の行動様式や、ものの見方・考え方なども、文化によって規定されている。主食となりうる食べ物とは何か、献立の組み立て方、いつどんなものを食べるのか、人や場面にふさわしい食べ物とは何か。食に付与される文化的な意味づけや文化的価値とは何か。ある社会では好まれる食べ物が、別の社会では食べ物として認識されないこともある。

私たちがごくあたりまえと思っている食のありかたにどのような文化的な違いが潜んでいるのか考えてみよう。

1 生活文化としての食文化

　まずは食と文化について考えてみよう。みなさんは、現代日本の食文化の特徴は何かと聞かれたら、どう答えるだろうか。

　文化という言葉から、茶の湯・会席料理といったもの、高い完成度をもつハイカルチャー（上位文化）をイメージするかもしれない。和食を思い浮かべ、コメ・魚介・野菜を中心にした食材、味噌や醤油などの調味料、うま味や素材の味を生かす調味、季節感、器、盛り付け、配膳法、箸の使い方やマナーなどをあげる人もいるだろう。もとは外来でも、独自に発達して日本に根付いた食もある。パン・てんぷら・ラーメン・マーボー豆腐・コロッケ・トンカツ・カレーライスなど、和・洋・中華がかわるがわる家庭の食卓にのぼる。寿司など世界に進出する日本の食もある。カリフォルニアロールのように現地の嗜好に合わせて変化した日本食もまた一つの日本の食文化の発展のかたちととらえることもできる。

　次のようなことまで考えた人はいるだろうか。1日3回食事をとるべきとされていること、主食と副食の組み合わせで食事が成り立つこと、中心的な主食は米飯だが、パンや麺類も主食になりうること、大皿料理はめいめいの皿にとって食べること、家では個人の箸が決まっていることが多いことなど。

　そんな当たり前のことは、別に特徴的ではないと思うかもしれない。しかし実は、これらの事柄も文化によって決まっていることで、人類にあまねく普遍的なことではないどころか、日本の全域で太古の昔から共有されていた感覚ですらない。

　ハイカルチャーとしての文化は、そもそも意識的に学ぶもので、知らなくても人格まで疑われたりはしない。ところが、生まれ育った環境で自然に身につける生活文化は、意識しにくく、説明せずとも当然わかるはずと思いがちである。異なる生活文化をもつ他者に直面すると、つい、なぜこんな当たり前のことがわからないのか、できないのかと感じてしまう。時

第 1 章　食と言語・文化

には相手がわざと規範を犯していると考え、人格に問題があるのではと誤解することすらある。このような文化間摩擦を乗り越えるには、自分の文化を客観的に見直し、相対化することが必要である。

2　食のカテゴリー化と認識

　次に食のカテゴリー化と認識について考えてみよう。異文化を背景とし、異なる言語を母語とする人々が接するとき、認識の違いのために誤解が生まれることがある。またカテゴリー化が異なれば、献立の立て方も変わってくる。

2-1　カテゴリー論と言語

　「そうめん」と「うどん」はどう違うのだろうか。同じ小麦粉を使った麺なのに、私たちは両者をあきらかに違うものととらえている。境界線の曖昧なさまざまな太さの麺の集合体のなかから、「そうめん」や「うどん」と名づけられることによって、二つのカテゴリーが切り出され、他のものと異なるものとして立ち現れる。定義上は太さの違いが両者の区別を決定づけている。しかし、それだけでなく、調理法や食感や食べ方の違いなど、二種類の麺をめぐって身に着けてきたさまざまな百科事典的な知識が網の目のように絡まって、「そうめん」と「うどん」というカテゴリーを形作っている。

　カテゴリーのあり方は、認識人類学や認知言語学における重要な研究テーマである。そのおもな研究手法の一つに、言語の分析によって、その言語を使う人々の物事に対する認識を推し量るというものがある。人は言葉を使って考える。言葉は、現実の世界の一部を切り取って、一つのカテゴリーとして成り立たせる力をもっている。私たちの考え方やものの見方は、言

5

葉によってしばられ、影響を受ける。一方で、言語は、その言語を使う人々の住まう環境や社会や文化に応じた形で発展していく。だから、ある社会で使われている言語には、その社会の文化の特徴が反映されていると考えられる。

　それぞれの文化において、人がさまざまな事象を分類するやりかたを「民俗分類」と呼ぶ。民俗分類によって分類されたカテゴリーは、言語的にはっきりと名づけがされていることが多いが、そうでない場合もある。言葉によって名づけをされたカテゴリーを「オバート (Overt)・カテゴリー」と呼び、はっきりとした名づけをされていないカテゴリーを「カバート (Covert)・カテゴリー」と呼ぶ。カバート・カテゴリーは、人々が説明や具体的な行動において、複数の対象をひとまとめに同じようなものとしてグループ化しているようすから、見つけ出すことができる。たとえば、植物の分類をみると、多くの言語文化において、自然科学的な分類法における属や種のレベルに相当するものは「マツ」「アカマツ」などのように名づけがされていて、これらをその形によって大きくわける「木」「草」「かづら（つる植物）」といったカテゴリーにも名前が与えられているが、すべてを包括する「植物」というカテゴリーには、しばしば名前が与えられていない。しかし名前がなくても、人々がたとえば動物と対比させて木や草やつる植物をまとめて扱うさまから、植物というカテゴリーが認識されていることがわかる。

　古典的なカテゴリー化理論では、あるカテゴリーの成員はすべて、非成員が共有していない特徴を少なくとも一つ共有していることを前提としている。あるカテゴリーの成員であると判断するために必要十分な特徴を「弁別的素性」と呼ぶ。古典的カテゴリーにおいては、成員性に程度の差はない。つまり、定義上、成員はどれもすべて等しく弁別的素性を兼ね備えているので、どれか特定の成員がほかの成員に比べてより多くそのカテゴリーらしい特徴をもつということはないと考えられる。

　しかし、古典的理論で説明できない非古典的なカテゴリーも多い。ウィトゲンシュタイン（Ludwig Wittgenstein）は、ゲームを例として、家族的類

似性によって成り立つカテゴリーがあることを指摘した。家族の成員は互いに目・鼻・口・輪郭などどこかが似ていて、全体に家族としての一体感を感じられるが、成員全員が共有し、かつ非成員が共有していない特徴があるわけではない。ゲームというカテゴリーも同様に、集団でおこなうスポーツ、一対一のチェス、一人で遊ぶトランプ占いなど、部分的にみるとそれぞれが他の成員といくつかの特徴を共有しあっているが、弁別的素性と呼べるようなものはない。

ロッシュ（Eleanor Rosch）らの唱えたプロトタイプ理論においては、非古典的カテゴリーでは成員性に程度の差が認められることが指摘されている。たとえば、スズメもペンギンもダチョウも鳥ではあるが、翼をもち空を飛ぶスズメが典型的な成員（プロトタイプ）であるのに対し、飛ばないペンギンやダチョウは非典型的で周辺的な成員である。

2-2 食のカテゴリー化

食にもさまざまなカテゴリーがある。穀物・野菜・果物といった食材のカテゴリー、揚げる・煮る・焼くといった調理法のカテゴリー、完成した料理、献立における位置づけ、味、匂い、音、歯ごたえ、舌触り、手触りなどなど。文化によってカテゴリー化のあり方が異なっているため、辞書でみつけた訳語を使っても、自分の意図がただしく相手に伝わるとは限らない。

たとえば野菜という語をインドネシア語の辞書でひくと、サユールサユランと書いてある。この言葉は、教科書的には確かに野菜という意味で、主な食材別に料理を分類している料理書でサユールサユランのところを見ても違和感がない。しかし、そもそもサユールサユランは、サユールという語根を重ねて、接尾辞をつけた派生語であって、日常会話における語感としては、野菜の典型的な調理法の一種であるサユール（煮物料理の総称）と深く関連づけられている。そのため、サユールサユランが食べたいというと、

サユールに分類されないサラダ料理は出てこず、豆腐のサユールが出てきたりして、思い通りに意図が伝わらないということが起こる。

複数のカテゴリーが互いに密接に関係していることもある。食べる機会とそれにふさわしい食べ物のことを考えてみよう。現代日本には1日に3回食事をすべきという規範があり、食事をすることを「ごはんを食べる」という。「ごはんを食べて」いるとき、実際には何を食べているのだろうか。米飯とおかずの場合もあるが、米飯に代わる主食として、おかゆに雑炊、パンや焼きそば、パスタにうどんにそうめん、そば、ラーメンなど、さまざまなものがある。朝ごはんにパン、昼ごはんにそば、晩ごはんにラーメンを食べれば、立派に3食食べたと言えるだろう。地方や家庭や世代によって違いはあるが、どんな料理の組み合わせなら食事としてふさわしいかという感覚を、現代日本に生まれ育った人々はある程度共有している。

一方で、おはぎや団子やせんべいやポン菓子、かりんとうやケーキや今川焼など、コメや小麦でできていても、「ごはんを食べた」と感じられないものもある。食材が同じでも、調理法によっては、まったく異なるカテゴリーの料理として認識され、それによって献立上の位置づけも変わる。日本語には主食という言葉があるが、これは通常コメや麦などの食材を表す言葉であって、献立の構成において米飯に代わって食事の主要な構成要素となりうる食べ物の一群には、はっきりとした名前がついていない。これは「カバート・カテゴリー」である。

3 食べ物の「ふさわしさ」とは

食事にふさわしいか、おやつにふさわしいか。ハレの場にふさわしいか、日常食にふさわしいか。ふさわしさというものは、文化によって規定されていると言える。私たちは、自らの文化の規範にしたがって、ふさわしいタイミングでふさわしい食べ物を食べることによって、満足感を得ている。

3-1 食制

　1日に何回食事をとるか。食事とされているものも、それ以外のおやつや軽食も含めて、何時ごろ、どこで、どうやって、何を食べるのか。こういったシステムを食制という。

　現代の日本の食制では1日に3回食事をすることが規範となっている。朝食、昼食、夕食の区別があり、それぞれに時間もおよそ決まっており、ふさわしい食べ物もある程度異なる。10時や3時のおやつという言葉が残っていて、すくなくとも子どもには食間におやつを与えることが期待されるし、大人でも休憩の際にこういった言葉を使って間食をすることがある。

　筆者の調査地であるインドネシアのスンダ人の言語では、「食べる」ことを「ダハール」という。これはご飯とおかずからなる食事をとることを指す言葉で、食事以外の軽食を食べることは、「飲む」ことと関連付けられた別の動詞で表す。鶏肉入りの米粥や、チマキに豆腐やもやしをのせピーナッツソースをかけたものは軽食であって、満腹感はあっても、食事としてカウントしないし、「食べた」とも言わない。日本における団子やおせんべいと同じように、材料はコメだが、ご飯ではないので、食事のカテゴリーに入らないのである。朝おかゆを食べ、昼チマキを食べ、夜麺を食べたとすると、スンダ人なら今日は1回もちゃんと「食べて」いないと感じ、満腹であるにも関わらず、一口ご飯をつまんでしまったりする。同じ栄養素をもっていても、カテゴリーにふさわしい食べ物で心を満たすことができなければ、不満につながるのである。それで、インドネシアではケンタッキーフライドチキンでもマクドナルドでも、チキンとご飯のセットが標準的なメニューになっている（写真1）。

　スンダの農村では、規範としては1日に2回、朝は8時ごろ、夕方は4時から5時ごろに食事することになっている。しかし実際の時間や食べ方は柔軟である。11戸の食生活を調査した結果、2週間で朝もっとも早い食事開始時間の平均がおよそ7時半、もっとも遅い時間がおよそ11時と、約

写真 1　インドネシアのケンタッキーフライドチキン
食事には米飯が欠かせないので、ご飯とチキンのセットが人気メニュー。
出所：筆者撮影。

3時間半の差があった。夕方は早い日が15時半ごろ、遅い日が19時半ごろと、やはり大きく差がある。不規則に見えるが、毎日朝6時には農作業を始めている人々である。実は、食事と軽食を柔軟に組み合わせて、時間や食べる量を調整しながら、全体の食生活を構成しているのである。

　時間にふさわしい食べ物の感覚も、異なる。朝食と夕食にふさわしい料理の違いは特になく、朝まとめて調理をし、夕方には温めなおすだけでいい。一方、軽食は時間によってふさわしいものが異なる。キャベツのかきあげやバナナのてんぷらといった揚げ物は朝から1日中いつでも食べるが、粥ならば朝か夕方以降、肉団子や麺の入ったスープなら昼以降がふさわしい。

3-2 文化的価値

　食べ物にはほかにもさまざまな文化的価値が付与されている。男性的、女性的、子どもらしい、若者らしい、大人らしい、老人らしい、高級な／贅沢な、安価な／質素な、田舎っぽい、都市的な、野暮ったい、素朴な、洗練された、ハレの（非日常的な）、ケの（日常的な）、などの意味づけは、す

べて文化によって規定されているものである。フランスの社会学者ブル
デュー（Pierre Bourdieu）は、著書『ディスタンクシオン』のなかで、階級社
会であるフランスにおいては、労働者階級や知識階級などそれぞれの階級
にふさわしいとされる食べ物があり、年収レベルがほぼ同じでも、所属す
る社会階級によって好む食べ物の傾向が異なっているということを明らか
にした。

　一つの食べ物に対して複数の社会で幅広く似通った感覚をもつ場合もあ
るが、時にはまったく異なる意味が付与されることもある。たとえば、日
本ではしばしば、甘い菓子は女性や子どもと深く関連付けられ、男性的で
はないとされているが、欧米社会においてはそのような意味づけはされて
いない。ある社会でふつうに食べているものを、別の社会ではまったく食
べ物として認識しないということさえある。

　文化に根差した認識や感覚は、無意識のうちに私たちの心身に深くしみ
こんでいて、これに逆らう行動をとることは、困難である。

3-3　温冷論、薬食同源・医食同源

　ショウガや根菜は体を温めてくれるし、夏野菜のナスやキュウリは体を
冷やすなどと言ったりする。食べ物自体の温度が高いかどうかということ
に関係なく、摂取することによって体を温める効果のある食べ物、体を冷
やす効果のある食べ物があると考えられている。これを温冷論という。

　温冷論に基づく食べ物への評価もまた文化的価値といえるだろう。同じ
食べ物が、ある文化においては温の性質をもつとされ、別の文化では冷の
性質をもつとされることもある。温冷論には、科学的に効果が実証されて
いるものもあれば、そうでないものもある。いずれにせよ、当該社会にお
いてそう信じられているということは、食べ物の選び方や消費のしかたに
大きな影響を与える。

　現代日本では、夏にも冷房で冷えすぎることもあって、温はよいもの、

冷はわるいものというイメージが強い。しかし、必ずしもそうとはいえない。たとえばインドネシアでは、揚げ物、山羊肉、ショウガ、ドリアンなどは、温の性質を持ち、これらを食べすぎたりすると、体調を崩し、パナス・ダラム（中が熱い）という状態になるとされる。症状としては、口内炎、唇の荒れ、口臭、便秘、喉の痛み、咳、くしゃみなどがある。これを防ぐために冷の飲食物をとる。温と冷のバランスをとることが重要なのである。

「薬食同源」または「医食同源」といった言葉がある。日ごろの食生活において、体調に合わせ、バランスのとれたよい食事をすることによって、病気を予防したり治療したりするという考え方である。中国の中医学やインドのアーユルヴェーダなど東洋医学においては、人の体質や状態にふさわしい食材や調理法についての知見が深い。薬膳料理というと何か特別な料理のように感じられるかもしれないが、毎日の家庭の食事をこういった考え方に基づいて用意することも薬膳と言える。

3-4 文化の受容・変容とフードビジネス

文化は不変のものではない。それは常にさまざまな要因によって変わり続けている。

新しい食べ物や食べ方が受容されるとき、現地の既存の食文化は大きく影響を与える。従来なじみのある食べ物や食べ方と類似点が多ければ、その周辺のものとして受け入れられやすい。

一方、従来の食文化の規範に従うと抵抗をおぼえるような食べ物や食べ方でも、現地の食文化に寄り添って抵抗を和らげる工夫をすることで、食べられるようになることもある。また、明治時代に文明開化と結びつけられた肉食が急速に日本に普及したように、なんらかのきっかけで食べ物に与えられた意味やイメージが変化し、新しい文化的価値と結びつけられれば、一気に普及することもある。

欧米では、一般に海藻を食べる習慣がなく、黒い紙のような海苔は受け

第 1 章　食と言語・文化

写真 2　ジャカルタの日本食店で出されたスシ
具はカラっと挙げたラーメン。裏巻きでご飯の表面をとびっこで美しく彩っている。
出所：筆者撮影。

入れがたいものだった。また生魚の刺身やスシは野蛮なものと考えられていた。スシが世界で広く食べられるきっかけを生んだのは、アメリカで生まれた裏巻きのスシである。生魚の代わりにアボカドを使い、海苔を内側にして見えにくくし、表面をゴマなどで彩ったカリフォルニアロールは、生魚や海苔に抵抗を感じる人々にもとっつきやすいものだった。これでスシに慣れた人々が、次第により本格的なスシを求めるようになっていく。日本の経済発展や、日本型食生活が長生きにつながるという研究成果、セレブが好む食べ物としてスシが紹介されたことなどが相まって、スシはおしゃれでヘルシーで洗練された食べ物というイメージを獲得し、世界各国に普及していったのである（写真 2）。

　フードビジネスが海外に進出するときには、自らの業態や商品をその社会においてどのような位置づけで売り出すのかを考え、それにふさわしい戦略を立てることが重要である。中華料理チェーンの「餃子の王将」が中国進出に失敗して撤退したことは記憶に新しい。本場中国の食文化では厚い皮の餃子をゆでて、主食とおかずが一体になったものとして食べる習慣があり、餃子をおかずに米飯と食べることは決してない。また、焼き餃子は残り物の焼き直しでしかない。そんな文化をもつところに進出するために

13

は、現地の文化に合った餃子を新規に開発するか、人々が焼き餃子に感じ
ている意味を根本からくつがえすパラダイムシフトが必要となる。

4 宗教的禁忌

　宗教や社会的慣習などに基づく飲食の禁忌も、非常に重要な食文化の側
面である。

4-1　禁忌と忌避

　忌避とは意識的・無意識的に避けていること、禁忌とは明示的に禁じられ
ていることを表す。

　日本では、犬猫やネズミやミミズを食べることが禁じられているわけで
はない。しかし、私たちはこれらを食べ物のカテゴリーに入れず、無意識
に食べることを忌避している。もしも万一、食卓に出されたとしても、か
わいそう、残酷、不衛生、気持ち悪いなどといった理由によって、食べる
ことを拒絶する人がほとんどだろう。

　現代日本では、アレルギーなどの体質からくる禁忌はともかくとして、
文化的な理由による禁忌は、日常的に意識する機会があまりない。しかし、
日本でも天武天皇の時代から江戸時代に至るまで、仏教の影響による肉食
の禁忌は形をかえながら続いていた。今でも、世界人口の約４割がなんら
かの宗教的な飲食の禁忌をもっている。ユダヤ教、イスラーム教やヒン
ドゥー教のように宗教によって決まっている禁忌もあるし、個人的な信条
によってヴェジタリアンになり、自らに肉や魚の飲食を禁じる人もいる。

　豚肉や牛肉など日本で日常的な食材が禁じられていると、厳しい気がす
るかもしれない。しかし、私たちが猫やネズミを食べなくても平気なように、
禁忌のある社会で生まれ育てば、それらを食べないことはごく当たり前の

ことで、特に困るようなことはない。実際に、宗教的禁忌をもつ人々は、それぞれに豊かな食の世界を発達させている。禁忌があるから、特別な除去食で、味気のないまずい食べ物でよいということはないのだ。

　禁忌のある人に対して、無理やりに、あるいは、だましてこっそり食べさせるということは、決してしてはいけない。ニンジン嫌いの子どもに、おろしニンジン入りのハンバーグを食べさせるというのとは、まったく次元が異なる。感覚的には私たちが猫やネズミを食べさせられるようなものであるし、神から禁じられたことを勝手に他人が破らせるという意味では、魂の根源に関わるはるかに深刻な問題である。

　ただし、具体的な禁忌の詳細は、宗派や時代によってかわることも多い。また、同じ宗教の同じ宗派に属する人々の間でも、人の属性によって禁忌が異なっていたり、タイミングによって異なることもある。同じ禁忌をもっていても、個人的な解釈の幅によって、食行動に大きな差が生まれることもある。

　食に関わる仕事をするためには、おもな宗教的な禁忌については知っておかなければならない。しかし、学んだ知識に基づいて勝手に決めつけたり、過剰防衛になったりしてはいけない。個人差が大きいことをよく理解して、適切なコミュニケーションと誠実な情報開示によって、消費者本人の納得する食を、おいしく楽しく提示する能力を身に着ける必要がある。

4-2 イスラームとハラール

　具体例としてイスラームの場合を取り上げる。イスラームでは、禁じられていることを「ハラーム」といい、許されたことを「ハラール」という。豚肉、流れ出た血、死肉（自然死や間違った手段で殺されたもの）、邪神に捧げられたもの、酒といったものが禁じられている。禁じられていること以外はすべてハラールなので、植物性の食材、ミルク、卵、蜂蜜などもすべて、原則としてハラールである。

豚以外の動物もイスラーム法に則ってムスリム（イスラーム教徒）が屠畜処理しなければならず、ただしく処理した肉をハラール肉と呼ぶ。肉食獣や猛禽類は食べないが、ただしく処理されていれば、牛・羊・山羊・鶏などは喜んで食べるし、内臓や皮や脂肪も問題ない。イスラームでは、ユダヤ教徒やキリスト教徒を、同じ一つの神をいただき聖典を下された者として、「啓典の民」とよぶ。ハラール肉でなくても、啓典の民が屠った肉は、神の名を唱えて食べてもよいとする法学者もいる。そのため、日本では国産の肉は食べないが、欧米からの輸入肉なら食べるという人もいる。また、牛や羊の肉はハラール肉でないと食べないが、家禽肉であれば処理方法までは気にしないという人もいる。

　水産物とイナゴは、ムスリム以外の人が処理したものでも食べてよい。異教徒がさばいた魚でも、網でとってゆでたしらす干しでも食べられる。ただし、許される水産物の範囲は、同じイスラームでも宗派や法学派によって解釈が異なる。スンナ派の中でも東南アジアに多いシャーフィイー法学派では、水棲動物はすべてハラールとし、水陸二つの世界を行き来するものをハラームとする。シーア派や、同じスンナ派でもハナフィー法学派では、ウロコのある魚のみハラールとし、イカ・タコ・貝などはハラームとする。

　酒については、禁忌に関する神の啓示が後から下されたという経緯もあり、また啓示の内容にも解釈の幅があって、解釈や実践に大きな違いがある。酔わない程度に酒を飲む人もいれば、味付け程度なら別にかまわないと考える人もいる。酒やみりんを一滴でも入れたものは食べないという人もいるし、味噌や醤油に添加物として酒精がはいっているのもダメという人もいる。知らなければ気にならないのであえてチェックしないという人もいるので、本人が求めてもいないのに周囲から情報を押しつけることがよいとは限らない。

　近年では、「ハラール認証」という制度がある。東南アジアで容器包装食品をおもな対象にして始まった制度で、食品衛生管理の規格を応用して製造管理のあらゆる工程でハラール性を確保した製品を、専門の認証機関が

第 1 章　食と言語・文化

写真 3　ハラールロゴのついた容器包装食品
出所：2016 年マレーシアの見本市で筆者撮影。

図 1　認証団体によって異なるハラールロゴ
左からインドネシア MUI、マレーシア JAKIM、タイ CICOT、シンガポール MUIS
出所：各認証団体の公式サイトより。

認証するというものである。包装容器に認証機関のハラールロゴをつけることもある（図1）。即席麺や袋菓子などの加工度の高い食品については、ハラール認証のあるものでないと食べたくないという人もいる（写真3）。

4-3　宗教的禁忌のある人々をもてなす

　訪日外国人観光客の増加にともない、宗教的な飲食の禁忌をもった人々への対応が急がれている。もちろん各宗教の禁忌の基本を知っておく必要があるが、忘れてはならないのは、同じ宗教の信徒だからといって十把一絡げにしてしまってはいけないということである。

　前項で述べたように、ムスリムといっても宗派・法学派・個人の考えで宗教的禁忌の解釈が異なる。それだけでなく、飲食物の嗜好もまた千差万

17

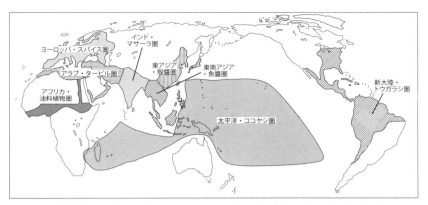

図2 調味料・香辛料の世界地図
出所：石毛直道、ケネス・ラドル『魚醤とナレズシの研究』岩波書店、1990年より改変。

別である。イスラームという宗教は人種や民族を問わない。日本生まれ・日本育ちの日本人ムスリムもいる。ムスリムが多く住む地域を見ても、中東だけでなく、東南アジア・南アジア・中央アジア・北アフリカなど、気候風土も歴史的な背景もまったく異なる場所に分布していて、それぞれに独特の食文化をもち、食の嗜好も異なっている。おもな主食作物でさえ、ナツメヤシの実、小麦、コメなどにわかれている。これらの地域は、タービル圏・マサーラ圏・魚醤圏など、基層的な文化圏が異なれば、古くから使われている伝統的な調味料・香辛料も、一般的な調味方法も、味の嗜好も異なる（図2）。ムスリムのお客様だからと考えてハラールのインド料理店にお連れしても、味がまったく口に合わないということもある。

　宗教的な禁忌になじみがないと、とにかく禁忌に触れないよう、禁忌の可能性のあるものは何もかも除去してしまえばよいと考える人もいる。また、対応を始める前に何らかのお墨付きを得たいととりあえず認証取得に走る人もいる。

　しかし、宗教的な禁忌のある人々をもてなす、ということは、宗教的な禁忌に配慮しながら「人をもてなす」ということである。人をもてなすとき、私たちは、その人がどんなものを好み、どんなものを食べたいのか、その

人に対してどんなものをどのように提供することによってどんなメッセージを伝えたいのか、そういうことを考える。禁忌食材を除去しさえすればよいということではないし、ましてやその人が求めてもいないのに禁忌の可能性のあるものをすべて取り除き、とりあえず空腹を満たせるものを出せばよいということでもない。

　善意をもって細心の注意を払って用意したものでも、必ずしもよく解釈されるとは限らない。一方、たとえ細部が相手の希望と違っていても、きちんとコミュニケーションがとれていれば、善意が伝わることもある。

　恐れすぎず、過剰防衛にならず、まずは身近なムスリムや異文化を背景にもった人と、人としてつきあってみることから始めてみてほしい。そこからたくさんのものが学べるはずだ。

5 国際化時代に向かって

　食文化とは、高級料理の体系だけではない。何が高級で何が庶民的なのかという認識も含め、日常的な食生活のあらゆる部分が文化によって規定されていると言える。個別の言語・文化によって、食に対する認識や食行動は、大きく異なってくる。

　国際化時代の食の専門家になるためには、多様な価値観をもった人々に柔軟に対応できる能力と姿勢を育てる必要がある。多様な食文化のあり方を学び、自分が常識と思っていたことを一度棚ざらえして、ほんとうにそれは普遍的なのか、別の見方や考え方はないのか、ということを考え、想像する力を育んでもらいたい。

より深く学びたい人のために

飽戸弘・東京ガス都市生活研究所（編）『食文化の国際比較』日本経済新聞社、1992年。

阿良田麻里子（編）『文化を食べる　文化を飲む——グローバル化する世界の食とビ

ジネス』ドメス出版、2017年。

石毛直道（監修）『世界の食文化』全20巻、農文協、2003〜2009年。

石毛直道（監修）『講座　食の文化』全7巻、財団法人味の素食の文化センター、1998〜1999年。

河合利光（編）『食からの異文化理解——テーマ研究と実践』時潮社、2006年。

河合利光（編）『世界の食に学ぶ——国際化の比較食文化論』時潮社、2011年。

櫻田涼子・稲澤努・三浦哲也（編著）『食をめぐる人類学——飲食実践が紡ぐ社会関係』昭和堂、2017年。

テイラー、ジョン・R.『認知言語学のための14章　第3版』辻幸夫、鍋島弘治朗、篠原俊吾、菅井三実（訳）、紀伊国屋書店、2008年。

ブルデュー、ピエール『ディスタンクシオン——社会的判断力批判Ⅰ、Ⅱ』石井洋二郎（訳）、藤原書店、1990年。

Column

| コラム | パンとジャムで風邪を治す!? |

昔聞いた知人の話である。カナダ人女性と一緒に住んでいたのだが、ある日風邪をひいて、高熱で寝込んでしまった。すると同居人がパンにイチゴジャムをたっぷりのせて、出してくれたという。消化もしやすく、すぐエネルギーになって、体力を消耗した時にふさわしい食べ物だといわれたらしい。ありがたい思いやりだが、生粋の日本人である知人にとっては、あまり嬉しくはなかったようだ。

　筆者もまったく同感である。病人食ならおかゆがいい。梅干しだの卵だのとぜいたくは言わない。ただの白いおかゆで十分だ。一息ついて、デザートに新鮮なイチゴがあればもっといい。弱った体に染み入って、食べて眠れば、あっという間に元気になりそうだ。

　しかし考えてみれば、どちらのメニューもほとんど炭水化物で、栄養成分は大差ない。ジャムは加熱でビタミンが減っているだろうが、そもそも新鮮な果物がない季節のための保存食だったことを考えれば、せめてジャムでビタミンをとるのは、理に適っている。パンだって粉食なのだから、消化が悪いということはないだろう。

　なぜパンにイチゴジャムではだめなのに、おかゆに新鮮な果物なら元気がでると感じるのか。日本の文化では、おかゆは病人にふさわしい食とされている。食欲も飲み込む力も衰えた時に、コメのおかゆ一杯に命を救われる思いをした人も多いだろう。また私たちは、生や干した果物は、果物と分類しているが、外来の食べ物であるジャムはあくまでジャムで、果物を食べたとは感じないのではないだろうか。

　私たちはモノを食べる時に、モノがもつ文化的な意味も取り入れている。食べ物がもつ文化的意味が文脈にそぐわない時、たとえ栄養学的には十分な食べ物であっても、私たちの心は満足をしないのである。

第 **2** 章

食と地理学
なぜそこではそれを食べているのか

キーワード
地理学
●
フードチェーン
●
地理情報の収集
●
近代科学
●
環境決定論とその限界
●
自然環境への働きかけ
●
離れた地域間の関係

この章で学ぶこと

　私たちが食べ物を獲得する根源的な方法は狩猟採集か農業しかない。加工や貯蔵、輸送技術がいかに発達しようとも、基本的にはこの2通りしかない。農業以前に人類が食べ物を手に入れるのは狩猟採集によるしかなかった。今日でも少なくない量の魚は狩猟により、山菜類は採集によって獲得している。1万年前とも2万年前ともいわれる時期に、有用な植物の栽培や動物の飼育を始めたのが農業の始まりと考えられている。

　しかし、それ以来私たちは食料を獲得するための新たな方法を手にしてはいない。化学的に食料を合成したり、植物や動物以外のものから食べ物を作り出したりすることには成功していない。その意味で、食べ物は極めて地理的環境に左右されるという性格を持っている。食べ物になる植物や動物はこの世界のどこにでも普遍的に分布するわけではなく、その分布はその土地の気候や土壌、地形などに大きく影響されるからである。その意味で食べ物は極めて地理的であるともいえる。私たちの食べ物は地面から手に入るからである。

1 地理学とは

　食の地理学を論じる前に地理学について触れておきたい。地理学に対する一般的な認識としては「どこに何があるのか」を研究している学問というようなものかもしれない。しかしながら、これは実際の地理学の研究とは少なからず乖離した認識である。あるいは小学校から高校までに勉強してきた地理の延長線上に地理学が位置付けられているかもしれないが、これも実際の地理学を理解する上では正確な認識とはいえない。それでは地理学とはどのような学問なのか。学史を振り返りつつ紹介したい。

1-1　地理学前史／「どこに何があるのか」の地理学

　そもそも地理学は非常に古い学問であり、古代のギリシアやローマにまでその源流を遡ることができる。たとえばストラボンはその著書『ゲオグラフィカ（*Geographica*）』において、当時のヨーロッパ、アジア、アフリカの地誌を描き出している。また、プトレマイオスは『ゲオグラフィア（*Geographia*）』において、経緯線を用いて世界地図を作ろうとし、実際に世界図や諸国図を残した。それらは当時の地理的知識の集大成であり、当時の世界観でもあった。この文脈において、地理学とは「どこに何があるのか」を記述するものであったということができる。それはまさに geographia すなわち geo（土地）+graphia（記述）であった。このようにギリシア・ローマに起源を辿る地理学は、「どこに何があるのか」を記述する地理学であり、その後長い時間、地理学の重要なテーマであり続けた。この文脈において、玄奘三蔵やイブン・バットゥータ、マルコ・ポーロなどの大旅行家も、未知なる地域の地理的情報をもたらしたという意味で地理学者であったともいえる。彼方の世界の「どこに何があるのか」という地理的情報を此方の世界にもたらしたからである。また、古い時代の香辛料貿易も、そうした遠い世界の地理的情報のもたらした恩恵ということもできる。

24

第 2 章　食と地理学

　こうした、彼方の世界の地理的情報の収集が急速に拡大するのがいわゆる「大航海時代」や「地理的発見の時代」といわれる 15 世紀から 17 世紀にかけてである。コロンブスやダ・ガマ、マゼランなどの航海者によって、未知の地理的知識がヨーロッパ世界にもたらされたことは多くの知るところである。その際、彼方の世界が非ヨーロッパ世界であり、此方の世界がヨーロッパ世界であったこと、さらにいえば彼方の世界に暮らすものにとって自身の世界は発見される対象ではなく、日常でしかないことに気がついているだろうか。「1543 年、ポルトガル人が種子島漂着」という一方で「1492 年、コロンブスがアメリカ大陸発見」というのはなぜか。「1543 年、ポルトガル人が種子島（日本）発見」とか「1492 年、コロンブスがアメリカ大陸漂着」とはいわないのはなぜなのか。私たちは世界をみる視点がどこにあるのかに気付いていなければならない。あくまでもヨーロッパ中心の視点の議論であることに留意する必要があるとともに、こうした地理的発見を強力に推進した背景に植民地の拡大という文脈が存在していることも忘れてはならない。

　ただし、この段階においても地理学は「どこに何があるのか」を記述する地理学であり、それは植民地を支配・経営していく上で、極めて重要な情報でもあった。どこにどんな資源があるのか、どこにどんな植物があるのか、平野は広いのか、人口は多いのか少ないのか、などなど、これらがわかれば効果的な植民地経営が可能だからである。無論、植民地経営に関わらず、時代を超えて「どこに何があるのか」の地理学は時の支配者にとって、必要不可欠の学問・知識であった。そうした地理的情報は領国の支配と経営に不可欠であり、いざ戦争となれば地理的情報を多く持っている方が軍事的に優位に立つことができたからである。「どこに何があるのか」の地理学といっても、単純で素朴な地理的好奇心だけでは片付けられない。一筋縄ではいかないのである。

25

1-2 近代地理学の登場／「なぜそこにあるのか」の地理学

　その後、ヨーロッパ列強が世界中に植民地を拡大する過程で、各地に探検隊が送り込まれ、世界は隅々まで「発見」されていく。結果として、20世紀はじめまでに一部の極地を除いて世界は発見され尽くされる。ここで地理学は大きな転機を迎える。すなわち、未知なる世界が枯渇してしまったのである。18世紀から19世紀にかけて、世界の多くの部分は既知のものとなり、それらにかかわる地理的知識も一般化、陳腐化していく。「どこに何があるのか」の地理学はその存立基盤を失った。

　この時代に登場したのがフンボルト（Alexander von Humboldt）やリッター（Carl Ritter）という「近代」地理学者である。フンボルトは『コスモス（*Kosmos*）』において、植生とその物理的環境の因果関係を示した。それは「どこに何があるのか」という地理的情報の記述が主体のそれまでの地理学とは異なる主題であった。すなわち「なぜそこにあるのか」を論じる地理学であった。「どこに何があるのか」ではない。それはすでに多くが知るところとなっている。しかし、「なぜそこにあるのか」はまだ誰も知らない。なぜそこにそのような山があるのか、なぜその山はそんなに高いのか、なぜそこにそのような谷があるのか、なぜその谷はそんなに広いのか、なぜそこにはそのような動植物がいるのか、なぜそこにはそんなに人口が多い（少ない）のか、なぜそこではそのような農業をやっているのか、なぜそこの家屋はそのような形をしているのか、なぜそこではそのような衣装をまとっているのか、なぜそこではそのようなものを食べているのか……「なぜそこにあるのか」という因果関係・メカニズムの解明に主眼を置くことで、地理学における未知の世界はまた広がった。隣接する学問分野を含めて、近代科学の一つとしての近代地理学が形を現したのである。

1-3 「環境決定論」とその限界

　そうした状況下で一つの大きな議論を構築したのが「環境決定論」である。極めて単純化すれば、「アジアのモンスーン地域は高温多湿であるから米作地帯が広がっている」というような議論である。当たり前のような話に聞こえるかもしれないが、その背景にはダーウィン（Charles Darwin）の「進化論」があり、ハンティントン（Ellsworth Huntington）の気候が文明を決定するという考え方があり、植民地支配の正当化の論拠となったことなどとも相まって、相変わらず地理学史は一筋縄ではいかない。その議論は地理学専門家に譲り、ここでは19世紀以降に地理学は地理的情報の記述からメカニズムの解明にと舵を切ったこと、メカニズムの解明においては環境要因から解を導き出すことが有効であるという思考が存在していたことを理解してもらいたい。

　では、このような「環境決定論」的思考で地理的現象を理解することができるだろうか。厳密な決定論ではなくとも、衣食住がそれを取り巻く環境に順応した形態をとるという考え方はわかりやすい。例えば、寒冷な気候では開口部の少ない建築が、高温多湿な環境では開口部の多い建築が卓越するという説明はよく納得できる。雨の多い地域で屋根に傾斜を持たせ、乾燥する地域では平屋根が多いというのも同様である。では、私たちの身の回りを見渡してほしい。高温多湿の日本において、開口部が少なく、密閉性が高い平屋根の建築物が溢れかえっているのはなぜだろう。高温多湿という環境条件からは説明できない。そうした環境条件に適合していると考えられる伝統的な和風建築はかえって少数派になろうとしている。

　それは日本に限ったことではない。この鉄筋コンクリート構造の一般的にビルと呼ばれる建築物は、本来的な寒冷気候のもとだけではなく、熱帯をはじめ世界中のいたるところで目にすることができる。同様に寒冷気候に順応しているスーツも世界中のビジネスマンが着用している。本来は高温多湿の熱帯などで、冷房設備なしにはビルの中でスーツを着て過ごすこ

27

とは困難であり、決して環境に適応しているとはいえない。ではなぜそのようなものを私たちは採用しているのだろうか。他人事ではない。夏の暑い盛りでもスーツにネクタイで企業を訪問する就活生の姿はどのように理解すればいいのだろうか。

1-4 どのように理解するのか／二つのアプローチ

　先の問いに対し、ここでは二つのアプローチを紹介したい。一つは環境の捉え方、もう一つは他の地域との関係である。まず、一つめであるが、図1のような枠組みを考えてみたい。環境と人間の活動を模式的に示したものである。「環境決定論」のように自然環境が人間の活動を決定するという考え方はAのように理解することができる。しかし、すでにみたように高温多湿の環境下でスーツをまとって、密閉された鉄筋コンクリートの中で生活する私たちの暮らしは、その枠組みでは説明できない。そこでBあるいはCのような枠組みを設定してみたい。人間は自然環境という条件を一方的に受け入れて暮らしてきたのではなく、自然環境に対して自分たちの主張をしながら暮らしてきたのではないか(B)。その主張の背景には伝統や文化というようなものを想定することができるのではないか(C)というアプローチである。ビジネスの場においてはしかるべき装束をまとわねばならないという文化が、環境適応を乗り越えるのである。

　これに対して、もう一つのアプローチはある事象を理解するのに、その事象の周辺ではなく遠く離れた地域との関係によって、それを説明しようとする考え方である。例えば、自県ではとても消費しきれないほどに大量のナスが高知県で生産されているのはなぜか、という問いに対しては高知県の自然環境や県内市場の規模からは説明できない。しかし、京阪神や首都圏への出荷が大量のナスの生産をもたらしているという説明は容易である。このように離れた地域とどのような関係を取り結ぶかによってその地域の事象を説明しようとする立場である。離れた地域間の関係から解き明

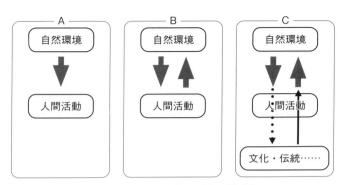

図1　自然環境と人間活動の模式化
出所：横山・荒木・松本（編）「モンスーンアジアのフードと風土」明石書店、2012年、12頁より。

かすアプローチであり、それはチューネン (J. H. von Thünen) の「孤立国」、クリスタラー (Walter Christaller) の「中心地理論」さらには「都市システム論」などに連なる考え方でもある。「なぜそこにあるのか」に対する環境決定論の限界を越えようとする二つのアプローチを理解いただけただろうか。

2 食の地理学とは

　ここまで読書された賢明な読者諸氏は食の地理学がどのようなことをするのかについて、おおよその見当をつけられたと思う。「どこで何を食べているのか」を記述する食の地理学と「なぜそこではそれを食べているのか」というメカニズムの解明を目指す食の地理学が存在することを理解するのはもはや困難なことではない。もう少し詳しく説明していきたい。

2-1 「どこで何を食べているのか」と 　　　「なぜそこではそれを食べているのか」

　地理学の長い歴史がそうであったように「どこに何があるのか」「どこで何を食べているのか」という地理的情報の収集をもって「食の地理学」とみ

なすことは決して誤りではない。しかし、それは限られた一面にしか過ぎ
ない。「なぜそこにあるのか」「なぜそこではそれを食べているのか」とい
うメカニズムの解明にとりくむのも「食の地理学」である。具体的な例で考
えてみたい。

　小麦粉を原料としたマントウ（饅頭）は中華料理として一般的である。中
国の北部では種類も多く、主食（いわゆる「おかず」と「ご飯」における「ご飯」）
として食べられる。もちろん、中部や南部でも広く食べられるが、形は小
振りになり軽食（点心）として食べられることが多くなる。主食として出て
くるのはマントウではなく米飯が多くなる。私の友人の北部出身の中国人
も「米よりマントウの方が好きだ」という。もちろん北部でも米、南部でも
小麦は食べられているものの、一般的に北部で小麦が主、南部で米が主と
いう食習慣は広く認められる。ここまでが「どこで何を食べているのか」の
地理学である。

　では、なぜ北部で小麦食、南部で米食が優勢なのだろうか。チンリン・
ホワイ河（秦嶺・淮河）線といわれる地理的境界線がよく知られる。年降水
量1,000mmの等降水量線、1月の平均気温0度の等温線がちょうどチンリ
ン山脈とホワイ河を結ぶ線上を通っており、これ以北では小麦作が卓越し、
以南では米作が卓越するというものである。すなわち、北部では小麦作地
域が広がるので小麦が多く食べられ、南部は米作に適するので米食が広がっ
ているという理解である。その地域の食文化をその地域の自然環境から説
明するというもので、いわゆる「環境決定論」的な説明ということもできる。
この説明は極めてわかりやすい。私たちもこの種の解釈を日常的に使って
いる。米の取れる日本では、米で酒（日本酒）を作り、麦の取れるヨーロッ
パでは麦で酒（ウィスキーやビール）を作った。あるいは「ここは山間の集落
なので、川魚の鮎料理が有名である。一方でこちらの海辺の集落では海産
物の料理が美味しい。」などのような理解は誰にも経験があるだろう。こう
した説明をもってメカニズムの解明に取り組むのが「なぜそこではそれを
食べているのか」の地理学ということもできる。

第 2 章　食と地理学

　では、ここまでの追求をもって「食の地理学」としてよいのだろうか。どこで何を食べているのかという情報を収集・蓄積し、その地域の環境からその地域の食の因果関係を説明するというアプローチの精緻化をすすめるのが「食の地理学」だろうか。確かにそれはわかりやすい説明ではある。

2-2　二つのアプローチによる解釈

　しかし、ここで考えてもらいたい。私たちの住んでいる世界はもう少し複雑であることを。確かに、米の取れる日本では米のお酒を作って、それを嗜んできた。それは間違いではないが、私たちは日本酒を嗜むと同時に、麦で作られたビールも大量に消費している。日本人の主食は米といわれるものの、小麦を原料としたパンも日常的に食べられている。それら小麦の多くはアメリカ産である。小麦に限らず、もともと日本では食べられていなかった食べ物や日本では栽培ができないような作物も日常的に口にしている。例えば、バナナやコーヒーは熱帯の作物で、日本列島で広く栽培することは困難である。にもかかわらず、温帯日本の日常生活に溶け込んでしまっている。あるいは山間の旅館に泊まっても、夕食にはお刺身が出てきたりする。こうした状況をどのように理解したらよいのだろうか。先に示した周囲の環境から説明することはできない。そこで登場するのが、前段に示した二つのアプローチ、すなわち「自然環境への働きかけ」（図1）や「離れた地域間の関係」という観点である。

　ここで中国の話に戻ろう。今日の中国で米産地として急成長しているのが黒龍江、吉林、遼寧の3省からなる中国東北部である。旧来の南部の米産地をしのぐ勢いで生産量を拡大している。東北部はかつて学校で習った教科書では小麦はおろか、粟・コウリャン地帯とされていた土地である。なぜこんなことになっているのか。そこには寒冷地での米作に取り組んできたという、人間の自然環境への働きかけが存在する。先に示した第一のアプローチであり、今日この地域は米のみならず中国の一大穀物生産基地

31

となっている。第二のアプローチによる解釈にも触れておこう。中国には昔から「南糧北調」という言葉がある。大量の食糧を生産する中国南部が北部の食糧供給を担うという意味である。これが最近は「北糧南運」、すなわち北部で食糧を生産して南部に供給、といわれるようになってきている。食糧供給関係の逆転でもあるが、食糧は生産されたその場で消費されるとは限らない。上海をはじめとした南部の経済発展を支えるために東北部で食料（米）生産が急拡大したということもできる。

　中国を例に二つのアプローチを示した。第一のアプローチによる解釈は、先に示した図1を用いることで容易である。本来は熱帯の作物である米の生産には不適な環境条件を人間の働きかけによって克服したという解釈である。次に「離れた地域間の関係」という第二のアプローチについてもう少し詳しく説明したい。

2-3 離れた地域間の関係・フードチェーンとその地理的投影

　図2は第二のアプローチによる解釈を模式化したものである。図2の要点の一つ目は食べ物をどう捉えるのかということである。稲と米とご飯は本来同じものであるが、状況によって名前が変わる。農地にあるときは稲であり、生産者の育てる農作物である。収穫されて籾になり、さらに脱穀されて米となる。米は生産者にとっての商品でもあり、加工・調理の段階での原料であり、食材でもある。最終的には調理されてご飯になって私たちの食卓に上がる。食べ物は形を変える。あるときは農作物であり、あるときは食材であり、あるときは料理である。私たちはこの最後の部分のご飯とか料理というものだけを研究対象にすればいいのだろうか。

　少なくとも、現代社会においてはそれを包括的に捉える視点が重要である。食の地理学においても、最後の部分だけではなく、稲、米、ご飯、すなわち食べ物の生産から加工、流通、消費までをひとつながりの体系として把握したい。このひとつながりの体系のことをフードチェーンという。

第2章　食と地理学

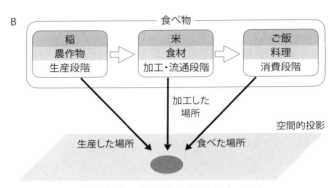

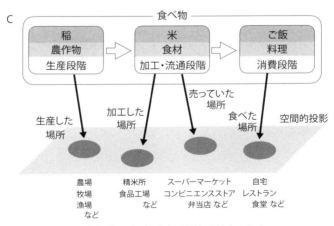

図2　離れた地域間の関係・フードチェーンの地理的投影の模式化
出所：筆者作成。

このフードチェーンを地図の上で考えてみること、フードチェーンの地理的投影が図2の要点の二つ目である。食べ物をひとつながりの体系として把握することの現代的意義もそこにある。ここでは現代的意義を理解するために、少し古い時代の話をしたい。

　そもそも人類史の長い間、私たちは自らで食べ物を調達し、自らが食べた。自らで生産し、自らで消費したのである。狩猟採集にしろ、農耕にしろ、食べ物を作る者と食べる者は同一であった。この文脈で、食べ物を手に入れるところが食べ物を食べるところであり、極めて限定的な地理的範囲の中で食べ物の生産と消費は完結していた。私たちは食べ物を手に入れた場所でそれを食べてきたのである（B）。稲、米、ご飯は同じ人たちの手の中にあり、この段階でフードチェーンは存在しないともいえる。また、この段階においてこそ第一のアプローチや「環境決定論」は効果的な枠組みを提供するともいえる。しかしながら、今日私たちが暮らす社会の中で、自分で作って自分で食べている人たちがどのくらいいるだろうか。アメリカ産の小麦、フィリピン産のバナナ、ブラジル産のコーヒー、例を挙げればきりがない。私たちは、稲・米・ご飯がそれぞれ別々の場所で別々の人々によって取り扱われている世界に暮らしている（C）。読者諸氏も昨日の夕食の食材がどの地で生産したものかを具体的に答えることはまず不可能だろう。しかし、間違いなくそれらの食べ物は地球上のどこかで誰かによって生産、獲得されたものである。そして遠い世界の誰かの手から手へとリレーされて食卓に上っている。この段階でフードチェーンは世界中に幾重にも幾重にも張り巡らされているといえる。これが現代の姿である。

　この現代の姿を理解する上で、稲、米、ご飯を意図的に一連の体系とみなすことが重要である。古い時代には、ご飯を取り上げれば必ず稲や米も随伴する事項であった。稲、米、ご飯は同じ場所、同じ社会の中にあった。しかし、今日ではそれらは別々に存在する。稲を育てる場所、稲を育てる人、稲を育てる社会とご飯を食べる場所、ご飯を食べる人、ご飯を食べる社会が異なるのである。こうした現代の姿を理解する上で「離れた地域間の関係」

第2章　食と地理学

から把握するという第二のアプローチが効果的であることは容易に理解できるだろう。

3　食の地理学の今とこれから

　フードチェーンが世界中に張り巡らされているということは、食べ物を通じた地域間の関係が世界中に張り巡らされていることと同義である。ではそうした関係はいつ誰によって作り上げられたのか。それほど遠くない昔には主な食べ物は身の回りで生産されていた。しかし、現代社会の食べ物はそのほとんどが身の回りからは供給されていない。かつては集落の中で高い自給性を有していた食料供給も、集落の枠組みの外に、市町村の枠組みの外に、都道府県の枠組みの外に、さらに国境の外に依存するようになって久しい。現代社会の食べ物は、作る人と食べる人がちがう、作る場所と食べる場所がちがう食べ物といえる。この文脈で「なぜそこではそれを食べているのか」という問いは、意外と難しい。

　それではいったい、なぜそうなったのか。いつからそうなったのか。誰がその仕組みを作ったのか。なぜその仕組みが動いているのか。考えたことがないかもしれないが、いつかどこかで誰かがその仕組みを作り、稼働させてきたのである。少なくとも食べ物の輸送には手間がかかる。腐りやすいという性質とともに、軽くてかさばるという特徴もある。また、重量あたりの価格や容積あたりの価格も決して高くはない。確かにコショウのように金銀と等価というほどに高価であれば、どんなに古い時代でも遠い世界まで輸送された食べ物もある。それは一方で非常に興味深い事象であるが、今日そんな高価な食べ物は存在しない。にもかかわらず、現代社会におけるフードチェーンは世界中に張り巡らされている。一斤100円もしない食パンの原料の小麦も地球を半周して私たちの手元に届く。では何がそれを実現させるだけの富を生み出しているのか。こうした問いに対する

35

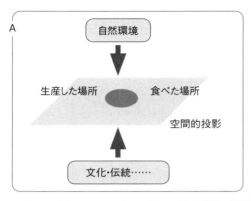

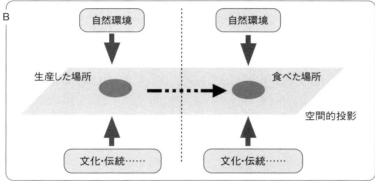

図3 食べ物を作る人と食べる人の空間的ズレの模式化
現代のフードチェーンをどう理解するのか。
出所：筆者作成。

答えはまだ十分にえられていない。さらにいえば、何が見知らぬ土地からやってくる食べ物の品質を保証しているのか、食品に付随する食品情報は誰が統制しているのか、はたまたそれらの保証や食品情報は虚構ではないのか、さまざまな疑問が提起される。

　もちろんそれらの問いは作る人と食べる人が同じだった世界には存在しない問いである。食べるものを作る人と食べる人が大きく乖離してしまった今日の世界（それは人類史の中でもごく最近の出来事である）の問いでもある。実はそうした問いにどのように答えるのかという研究はすでに始まってい

る。フードレジーム論、フードネットワーク論やアクターネットワーク論、商品連鎖のアプローチ……などの取り組みはそれらに応えようとしている。ただし、まだまだ議論の余地は大きい。

　簡単にまとめてみよう。これまでに示したアプローチである図1と図2をつなぎ合わせた枠組みが図3である。本来、秋祭り・収穫祭は作る人のお祭りであり、食べる人のお祭りでもあった。しかし、今日のそれは作る人のお祭りでしかない。かつて、作る人の文化と食べる人の文化は同じであった。しかし、現代社会においては作る人は食べる人の文化を知らず、食べる人は作る人の文化を知らない。同様にお互いの置かれた自然環境を知らない。一方で、現代社会では食べる人たちの文化が作る人たちの自然環境に少なからぬ影響を与えることもあろうし、作る人たちの文化そのものにインパクトを与えることもある。これらの空間的なズレをどのように解釈すればいいのか。食べ物を作る人と食べる人の空間的なズレがもたらすものをどうとらえればいいのか。ぜひその答えを探して、取り組んでみてほしい。

より深く学びたい人のために

荒木一視（編）『食料の地理学の小さな教科書』ナカニシヤ出版、2013年。

大豆生田稔『お米と食の近代史』吉川弘文館、2007年。

フリードマン、ハリエット『フード・レジーム──食料の政治経済学』渡辺雅男・記田路子（訳）、こぶし書房、2006年。

ポンティング、クライブ『緑の世界史（上・下）』石弘之・京都大学環境史研究会（訳）、朝日選書、1994年。

元木靖『中国変容論　食の基盤と環境』海青社、2013年。

横山智・荒木一視・松本淳（編著）『モンスーンアジアのフードと風土』明石書店、2012年。

P. Atkins and I. Bowler, *Food in Society: Economy, Culture, Geography*. Arnold, 2001.

Column

コラム 「どこに何があるのか」再考

大航海時代は遠い昔となり、世界は発見されつくされて久しい。それがもたらす地理的情報は普遍化、陳腐化し、「どこに何があるのか」の地理学は過去のものになった、ということもできるが、果たしてそうだろうか。遠い世界を旅した旅行家や航海者、探検家、あるいは冒険家といわれた人々、そうしたスタイルは確かに過去のものかもしれない。しかし、今日でも正確な地理的情報の収集のもつ意義は重要性を失ってはいない。特に食に関する正確な地理的情報の収集は、かつてなく高まっている。かつての旅行家や探検家の時代の食料はほとんどが作られた場所で食べられていたのに対して、今日作られた場所で食べられる食料は極めて少ないからでもある。

実際、私たちは昨日の夕食の食材がどこでとれたものかを知らない。情報が氾濫する今日、ネットで検索すれば簡単に一般的、抽象的な情報を入手できる。しかし、それらの情報の質はどれほど高いのか、個別具体的な情報はどの程度の正確性を有しているのか。昨今の報道をみても、時に偽物の食品情報、地理的情報に踊らされるという事例がおびただしく存在する。汚染されていないものが汚染されていると疑われたり、汚染されているものが汚染されていないとされたりする。食品の産地偽装のニュースも繰り返される。「どこに何があるのか」という正確な地理的情報を獲得することは今日なお難しい。

かつて、未知の世界には魔物が住んでいるとされた。その世界が既知のものとなると魔物はいなくなった。現代社会にも風評やイメージの先行という魔物が住んでいる。現代の魔物退治もまた地理学の仕事なのかもしれない。

第 **3** 章

食と歴史学
食から歴史を読み解けるか

キーワード
世界史教科書
●
コロンブスの交換
●
香辛料
●
工業化と都市化
●
米と稲作
●
本膳料理
●
懐石料理
●
食の洋風化

この章で学ぶこと

　「人はパンのみにて生くるものにあらず」という言葉がある。新約聖書の中にあり、その宗教的意味は深いが、世間ではややもすると食を軽視する意味に使われることが多い。しかしそれは誤りであろう。人間の人間たるゆえんは、火を使い料理すること、そして共に食べること（共食）にある。それによって人類は大脳を発達させ、集団生活を送るようになり、ひいては社会、国家を形成してきたのである。したがって人間の歴史は、いかにして食べるのか、いかにして安定的に食料を確保できるのかを中心に繰り広げられてきたといっても過言ではない。

　皆さんは高等学校の授業で世界史や日本史を勉強してきたはずだが、はたしてこうした「食」という視点から歴史をみようとしたことはあるだろうか。おそらく多くの人は歴史上の人物や事件、年代を暗記することに追われ、「食」から歴史を考えるという発想そのものを持ってこなかったのではないだろうか。本章では、皆さんにとってまったく新しい歴史の読み解き方を紹介してみたい。

39

1 食の歴史学とは

　歴史学は非常に古い学問である。西洋では古代ギリシアのヘロドトス、東洋では前漢武帝時代の司馬遷から始まるとすれば、およそ 2,000 年以上前にさかのぼることになる。ただし近代的な学問としての歴史学は、18 世紀から 19 世紀のヨーロッパにおいて確立されたといえるので、まだ 200 年ほどの歴史しか持たない。しかしいずれにせよ、これまでの歴史学においては食というテーマはあまり重視されてきたとは言いがたい。なぜなら、多くの場合、政治史や外交史、つまり戦争や政治的諸事件、支配者や偉大な個人の業績などの非日常的な事柄に歴史叙述の中心が置かれていたからである。食べるというあまりにも日常的で当たり前の営みは、歴史家の関心の対象とはならなかった。

　こうした傾向に変化が生じたのは 20 世紀後半になってからのことである。フランスのアナール学派が物質生活の一要素としての食に注目して、食料供給や食品消費を数量的に把握しようという研究を開始し、またイギリスでも歴史学と栄養学のコラボレーションによって食生活の実態を解明する研究がすすめられた。歴史学以外の人文・社会科学でも食をテーマとする研究がしだいに活発になり、21 世紀を迎えた現在、欧米を中心に食の歴史学は一大ブームを迎えているとさえいえる。

　日本語で書かれた食の歴史関係の文献は、一般向けのものから専門的な学術書、翻訳書まで、さまざまなものが刊行されているが、近年その数は増加している。目を海外に向けると、英語を中心に外国語で出版されている食の歴史の研究書は、それこそ星の数ほどある。欧米を中心に歴史研究者たちは競うように新たなテーマを開拓しつつあり、食の歴史研究という分野は、あたかも新たな宇宙が誕生しつつあるような活気に満ちているといってよいだろう。

　食という視点がこれほど歴史学において重視されるようになったのは、決して単なる流行とか偶然の所産ではない。食べるという行為は人間が生

きるために絶対に必要なものであり、人間の人間たるゆえんは、料理をすること、および食事を共にすること（共食）にある。食は人間存在にとって最も本質的なものなのである。そして戦争や交易、民族移動、支配と被支配の関係構築など、人類の歴史の大半は、いかにして食料を生産し、安定した食料供給を確保するかをめぐる人間集団の諸活動の歴史であったといえる。世界史あるいは各国史の変遷に大きな影響を与えてきた食べものは数多くある。そのように考えると、食こそが歴史を作ってきたのであり、食の歴史学こそ歴史学の中心にならねばならないのだという主張も成り立ちうるのである。

2 食から世界史を考える

　世界史は高等学校のカリキュラムで必修になっているから、皆さんは程度の差はあれ何らかの学習を修めてきたであろう。そこで最初は、教科書の記述に基づいて食の歴史を解説してみよう。

2-1 世界史の教科書を読む

　欧米を中心とした近年の食の歴史学研究の急速な前進を反映して、日本の教科書でもわずかではあるが食に関するテーマが登場するようになった。たとえば、最もスタンダードと思われる山川出版社の『詳説世界史』（2017年版）では、巻頭の「世界史への扉」のページで、学習者の関心を喚起するために、従来の教科書ではあまり扱われてこなかった新しいテーマが3つ取り上げられ、そのうち2つが食と関わっている。「気候変動と私たち人類の生活」では、特に近世ヨーロッパの寒冷期（小氷期）に飢饉が広がる中で、「貧者のパン」としてのジャガイモが普及したことが言及され、また「砂糖からみた世界の歴史」では、インド・西アジアから地中海・ヨーロッパ地域、

そしてアメリカ大陸にいたる広域を結びつけた砂糖という食品の歴史的意義が紹介されている（前掲、4～9頁）。

　また、本文中の記述内容でも食に関わる部分が散見される。最初に記述される人類文明の誕生の箇所では、約9,000年前の西アジアで農耕と牧畜が開始され、人類が積極的に食料生産を営みはじめたこと、さらに灌漑農業が始まって人口が増え国家が成立していったことなどが説明されている。人類史の最初から食が歴史と深く関わっていることが明確に記述されている。

　次に、旧大陸における古代国家崩壊後の東アジア・西アジア・ヨーロッパ間の交易を扱った箇所では、小麦や香辛料、サトウキビ、ブドウなどの広域的な伝播の歴史に言及されており（前掲、170～171頁）、さらに16世紀「大航海時代」以降の「世界の一体化」の叙述においては、用語としてはあらわれないが、いわゆる「コロンブスの交換」事象にも触れられている（前掲、176～177頁）。

　また中国史の部分でも、わずかではあるが、食料生産＝農業にかかわる内容が含まれている。たとえば、南宋以降に長江下流の江南地域の開発がすすみ米の生産が拡大する中で、「蘇湖（蘇州と湖州）熟すれば天下足る」ということわざが生まれ（前掲、163頁）、その後明末に長江中流域が穀倉地帯となると「湖広（現代の湖南・湖北両省）熟すれば天下足る」と称されるようになった（前掲、183頁）と記述されているし、清朝の支配が安定する18世紀には、トウモロコシやサツマイモの栽培が普及して人口増を支えたという事象も紹介されている（前掲、191頁）。

　しかしながら、このように教科書レベルで食の記述が散見されるようになったとはいえ、触れられているのはあくまで農業＝食料生産が中心で、食のごく狭い部分が取り上げられているにすぎない。「食から世界史を読み解く」というにはほど遠い。そこで本章では、いくつかのテーマに即して食の世界史を概観してみたい。とはいえ、世界史を文字通り解釈すると6つの大陸のすべての時代を扱わねばならず、あまりにも範囲が広がってしま

42

う。ここでは世界史上重要と思われるいくつかのテーマに絞ることにする。

2-2 歴史を作った香辛料

　世界史において大きな役割を演じた食物としては香辛料が注目される。ヨーロッパ人たちの東洋の香辛料へのあこがれが大航海時代をもたらしたとさえいわれる。そう単純ではないとしても、中世末期にヨーロッパ世界で香辛料への需要が拡大したのは事実であり、その需要を満たすためにアジア（特にインド）との直接の貿易ルートを探求しようという試みが大航海時代につながっていったことは間違いない。

　当時ヨーロッパで求められていたのは、コショウ、シナモン、クローヴ、ナツメグなどであったが、このうち前二者はインド・スリランカ、後二者は東南アジアのいわゆる香料諸島（モルッカ諸島とバンダ諸島）といったきわめて限定された地域でのみ生産された。ヨーロッパではそれゆえ稀少で高価となり、何より貿易ルートがイスラム商人に独占されていたことは当時のキリスト教的ヨーロッパにとって不都合であった。こうして香辛料交易の中心であったインドへの航路を開拓しようとさまざまな試みが実行され、その結果、1492年のコロンブスによるアメリカ「発見」、1498年のバスコ・ダ・ガマによる喜望峰周りの「インド航路」開拓など、大航海時代をもたらした世界史的な事件へとつながっていく。まさに香辛料が歴史を作ったといえるのである。

2-3 「コロンブスの交換」とは

　「コロンブスの交換」と称される歴史現象こそ、農業や牧畜の開始と並んで、食の歴史を語るうえで最も重要なトピックの一つといえるだろう。要するに、大航海時代以降ヨーロッパ人が地球上のいたるところに進出する中で、ヒトとモノの移動が活発になり、人間や動植物、さらには微生物の

レベルまで、地球規模で交流するようになった。その現象を、環境史家として有名なクロスビー（Alfred W. Crosby）が、時代を象徴する人物の名前を冠してこう名づけたのである。それまで地球上の各地域で、基本的には独立して生産・消費されていた多くの食物が大規模に交換されるようになり、その交換を通じて、世界各地の食文化がさまざまな変化を遂げ、まさに食のグローバル化がここに始まった。

　まず注目すべきは、南北アメリカ大陸原産のいくつもの食物がこの時期にヨーロッパへ伝来し、さらにヨーロッパを経由して全世界へ拡散していったことである。主なものだけでも次のような食物があげられる。ジャガイモ、トウモロコシ、トマト、トウガラシ、カカオ（チョコレート）、落花生（ピーナツ）、キャッサバ（マニオク）、サツマイモ、カボチャ、パイナップル、パパイヤ、アボカド、ヴァニラ、七面鳥、等々。これらの食物はおおむね類似したルートを通ってヨーロッパから全世界に伝播している。主な伝播ルートについて図で示しておく（図1、2、3、4：図中の数字は栽培化と伝播の世紀を示しているが、古い研究に基づいており、必ずしも正確ではない）。

　食の歴史において特に重要な役割を演じたものを2、3説明しておこう。アンデス地方原産のジャガイモは16世紀にヨーロッパに伝来し、最初は忌避されたがほぼ18世紀末までには民衆の食生活に浸透して、現在ではヨーロッパおよび世界の食文化において重要な構成要素となっている。トマトは、同じように最初は拒否されたが、やがて地中海地域の食文化にとってなくてはならない食材となった。トウモロコシは、まず地中海地域で定着したが、今や世界中で生産され世界の三大穀物の一つに数えられており、甘味原料としても不可欠となっている。カカオは、甘いチョコレートとしてやはり世界中で愛されているし、トウガラシは、ヨーロッパの一部ではパプリカとして定着したが、主にはアジア地域に伝播して、インドや東南アジア、東アジアの食文化に大きな影響を与えた。

　こうした新旧両大陸の食物の交流は双方向のベクトルで進展した。すなわち南北アメリカへは、ヨーロッパ人が小麦や大麦、牛・馬・羊などそれ

第3章 食と歴史学

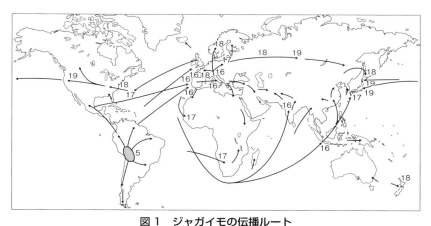

図1　ジャガイモの伝播ルート
出所：星川清親『栽培植物の起源と伝播』二宮書店、1987年、114～115頁より。

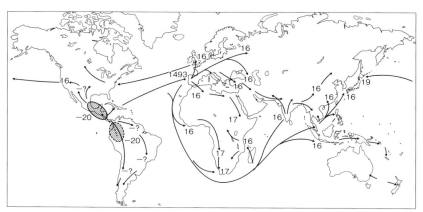

図2　トウモロコシの伝播ルート
出所：図1に同じ、38～39頁より。

まで存在しなかった動植物を持ち込み、それらが土着の動植物を圧倒していった。ヨーロッパ人はこれを「開拓」と呼んだが、その結果今では北米や南米の大平原地帯は世界的な穀倉地帯かつ食肉生産地帯となり、もう一つの新大陸オーストラリアもあわせて、世界の食料生産という点ではむしろ旧大陸より優位に立っている。しかしこのプロセスの裏側には、クロスビーが指摘しているように、ヨーロッパ人が意識せずに持ち込んだ病原菌・ウィ

45

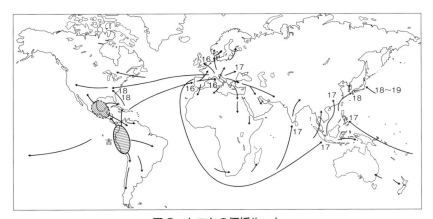

図3　トマトの伝播ルート
出所：図1に同じ、84〜85頁より。

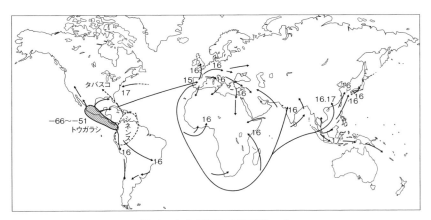

図4　トウガラシの伝播ルート
出所：図1に同じ、148〜149頁より。

ルスによって新大陸の先住民が絶滅状態へ追いやられたという事実もあった。「コロンブスの交換」は旧大陸の人類に一方的に有利に働いたのである。

　さらにもう一つ重要な変化として、旧大陸相互間での食物の交換も考えるべきだろう。コーヒーや茶、砂糖など現在の欧米および全世界で日常的に消費されている嗜好品は、だいたいアジアからヨーロッパへ伝わり、17・18世紀のヨーロッパ世界で定着したものである。同時にこれらの食品は、

第 3 章　食と歴史学

いずれもヨーロッパ列強の植民地において強制労働を伴うプランテーションで大量生産され、それによる価格の下落が西欧諸国の民衆レベルでの消費拡大につながったという歴史があり、奴隷制度や強制栽培など暗い過去と結びついたものであることも忘れてはならない。先ほどの先住民の絶滅も含め、食の歴史は決して脳天気な明るいだけのものではない。

2-4　近代社会において食はどう変化したか

　食の歴史を考えるうえでもう一つの重要なトピックは、近代的工業化社会の到来に伴う食生活の変化であろう。第一次産業中心の社会から第二次そして第三次産業中心の社会への移行によって、生産から消費にいたるまで食をめぐる環境は根本的に変化した。こうした変化が最初に生じたのは19世紀のヨーロッパであるので、ここではヨーロッパに焦点を当てて説明するが、こうした変化は、日本も含め遅れて近代化を経験したあらゆる地域においても大なり小なり生じている。

　20世紀初頭のドイツにおける熟練労働者層の食生活をみると、質はともあれ量的にはおおむね十分な栄養状態に達していることがわかる。巨大な社会的格差があるので単純化はできないが、19世紀を通じて民衆の食生活は徐々に改善されてきたといえる。その背景となるのが、工業化や都市化、科学技術の発達による種々の技術革新といったこの時期のヨーロッパに共通する現象である。まず、18世紀から徐々に進展してきた農業革命やジャガイモ栽培の普及によって農業の生産性が向上し、さらに交通革命などを背景に新大陸からの安価な食料輸入が拡大した。これらの条件に支えられて、19世紀後半にはヨーロッパにおける食料事情は全般的に好転することとなった。さらに工業的な食品生産の拡大や食品流通システムの近代化などによって、食料供給の面で大きな前進がみられるようになった。工業的に生産される新しい食品の例としては、19世紀初頭にフランスのアペール（Nicolas Appert）によって開発された缶詰や、1869年にやはりフランスの

ムーリエ（Hippolyte Mège-Mouriès）によって発明されたマーガリンなどがあげられる。

　こうした人工的な食品のほかに、従来からある伝統的な食品も科学技術を応用することで新しい性質を帯び、一種の工業的食品として食卓に登場することとなった。たとえば、従来の水力や風力に代わり蒸気力を利用した製粉機（ローラーミル）による大規模な製粉所が登場し、19世紀末には小麦粉製造プロセスが大きく変化した。さらに機械を利用した製パン技術が発展し、工場製のパンが市場に出現し始めたのである。ビール醸造業においては、醸造学の発達を背景に大規模化がすすみ、近代的な大規模醸造所が成立するようになった。

　また液体アンモニアを利用した冷蔵・冷凍技術が19世紀後半に進展し、食品の保存だけでなく輸送や生産加工にも革命的な変化をもたらした。前述した新大陸からの食料輸入の拡大にも冷凍船が大きな役割を果たしているし（特に肉の大量輸入）、下面発酵のラガータイプ・ビールの大量生産には人工的な冷蔵技術が不可欠であった。20世紀に入るとこの技術はさらに進化し、家庭用冷蔵庫やフリーズドライ（真空凍結乾燥）食品などが開発され、低温のまま生産者から消費者まで運ぶコールドチェーンは現代人の食生活になくてはならぬものになっていった。

　このように19世紀以降のヨーロッパでは、新しい技術を利用してさまざまな新しい食品が開発され、それらが人々の食生活を大きく革新していった。こうした現象は、工業化や都市化による社会全体の変化の一環と位置づけられるが、他方、食をめぐる学問知の発達もその背景として重要である。食物や栄養にかかわる知を支配していたのは、古代以来の伝統医学に基づく食養生学であったが、それに代わって近代的な食の科学が成立していった。そこでは、食物を個々の栄養素に還元して、それの人体への作用を研究するという方向で研究が進められた。19世紀後半には、リービヒ（Justus Liebig）やフォイト（Carl Voit）、ルブナー（Max Rubner）といったドイツの科学者たちによる栄養生理学の追究によって、人間が必要とするエネルギー

第3章　食と歴史学

などの所要量が算定され、特にたんぱく質の所要量についての研究が精力的におこなわれた。20世紀に入ると、必須アミノ酸やビタミンなどの研究も注目されるようになり、人間の栄養所要量についてさらに厳密な研究が進展していく。

2-5　20世紀から21世紀へ

　こうした食の科学化の方向は、20世紀前半の世界で起こった二度の世界大戦において重要な役割を果たすこととなった。総力戦となった世界大戦では、交戦国は国力のすべてを動員するだけでなく、前線の兵士および銃後の国民の食生活と栄養状態にも配慮しなければならず、そのために食に関する科学の知識が総動員されることとなったからである。食糧の配給制度や給食など国家が食を統制するというシステムが戦争を通じて整備されていく。それとは別に、平時においても、食の安全性の確保という視点から公権力が食品流通をコントロールする体制ができあがっていく。こうして私たちは、安心して食品を消費できると同時に、食にかかわる何かしらの自律性を喪失したともいえる。

　食の世界史で取り上げるべきトピックはこのほかにも数多く存在するが、それらは今後の刊行物の中で取り上げていくこととする。最後に、20世紀から現代までを視野に入れて考えると、グローバル化する世界の中で食の問題がますます重要性を増してきたし、今後もいっそう増していくであろうということを強調しておきたい。

3　日本における食の変遷を考える

　私たちの住む日本列島はユーラシア大陸の東側に位置し、海に囲まれているが山岳面積が国土の大半を占める。気候風土的には、温帯モンスーン

49

地域に属し夏には高温多湿となるといった特質を有している（ただし、北海道はやや例外となる）。島国でありながら大陸との交流が古くからさかんであり、中国文明の圧倒的影響の下に独自の政治・文化を発達させてきたという歴史を持つ。こうしたことが、日本の食の歴史を形作ってきた前提条件といえるだろう。

3-1 日本の食文化の特徴

　東アジアから東南アジアにかけてのモンスーン地域の食文化は、米と魚と豚、これに各種の発酵食品が加わるという共通した特徴を有している。日本列島の場合、この中の豚が欠如しているが、これはこの地域の文化の基層をなす仏教の日本における独自の展開が影響している。古代の律令国家が形成される頃から肉食の忌避がはじまり、中世から近世にかけて日本で仏教文化が民衆レベルにまで根づいていく中で、種々の例外はあるにせよ一般的には獣肉はタブーとなっていった。

　他方、米についていえば、古くは縄文後期に日本列島に伝来していたとされるが、弥生時代には大陸からから伝わった水田稲作農業が本格的に展開し、それ以降米が日本の食文化の基礎を作ってきた。古代国家のイデオロギーは神聖な食物である米を中心に展開され、国家の最重要儀礼である
大嘗祭や新嘗祭にみられるように、天皇は稲作儀礼の最高の司祭者の地位を占めていたのである。しかし米はあくまで支配者の食のシンボルであり、民衆はそれを常に食べることができたわけではなく、むしろあこがれの対象のようなものであり続けた。江戸期には米の生産量も増大し、石高制という米を中核にした経済構造が成立するようになったが、米の生産者である農民は十分米を食べることはできず、各種雑穀やイモ類に頼る食生活が一般的であった。これに各地域で得られる魚、野菜・山菜、あるいはそれらを原料とした発酵食品を組み合わせて食事を作るのが近代になるまで庶民レベルの食の内容であったといえるだろう。民衆レベルで米を飽食する

ことができるようになったのは、ずっと後世、戦後1950年代以降のことである。しかし皮肉なことに、まさにその時期からから日本人の「コメ離れ」が始まるのである。

3-2 日本の料理体系の成立

　料理という視点から考えると、民衆レベルの食卓のメニューはわずかしか史料が残っておらずはっきりとはわからない。しかし支配層のそれは、ある程度記録があるので再現することができる。原田信男の諸著作（『和食と日本文化』、『日本の食はどう変わってきたか』など）に依拠して紹介していく。

　まず古代の料理形式としては、平安期に催された大饗料理の記録が残されている。これは権勢を誇った貴族による豪華な宴会料理で、数多くの皿がだされるが、それぞれの皿に味付けをされていない生ものや干物などが盛られ、それを手前の4種類の調味料（酢、酒、醤、塩）によって自分で味付けして食するという食事形式であった。当時の調理法は未発達であったともいえる。また、小麦粉を練って油で揚げる唐菓子が供されたり、皿数が偶数であるなど中国の食事様式を色濃く反映したものとなっていた。

　中世になると、武家の勢力が拡大ししだいに公家や寺社勢力を圧倒していくようになる。しかし料理文化でみると、まだ鎌倉期の武士の食生活は非常に質素であり、しかも貴族の食事様式を模倣したものであった。南北朝の内乱期を境に、日本の社会構造は大きく転換するが、食の面でいうと社会の生産力が上昇し、その結果武家の食事様式も豪華なものになっていく。ここで重要な役割を演じたのが、平安末期以降中国から禅宗とともに伝わってきた精進料理と茶である。前者は肉食を禁じた大乗仏教の教義に従って工夫されたもので、製粉技術の発達を基礎に、穀物粉や野菜、豆類等を煮たり蒸したり植物油で炒めたりして味噌などで味付けをするなど、きわめて高度な調理技術によって創り出された料理である。この精進料理は、禅宗の寺院で発達したものだが、喫茶の風習とともに一般社会へも普

及していき、こうした技術的背景のもとに室町期には武家の料理として本膳料理が成立してくる。

本膳料理は、今日につながる日本料理の基礎となった料理といえる。昆布やカツオなど現在の日本料理の基礎となる食材を用いて味がつけられ、生ものではなく火で調理された煮物、焼物、汁物など数多くの皿が並べられた豪華な料理である。しかも、その皿数は偶数ではなく日本的な奇数をもとにしたもので、膳の上に並べて供された。中国からの影響と日本的な独自性がミックスされた日本的料理文化が、まさに本膳料理に反映しているといえよう。

さらにこれらに加え、茶の湯の発展の中で侘びの美意識が洗練されていき、その下で形成されていったのが懐石料理である。本膳料理が儀礼的、形式的であったのに対し、懐石料理は一期一会のもてなしの精神を大事にしており、少ない皿数ではあるが季節感や旬を盛り込み、盛り付けの色彩やバランス、料理の器の調和など、きわめて洗練された感覚を料理に反映させるもので、日本料理の最高峰に位置づけられる。これが完成されたのが、千利休が活躍した安土桃山時代であった。

他方この時代は、前述の「コロンブスの交換」に日本列島も巻き込まれてゆく時代でもある。ポルトガルやスペインからヨーロッパの食文化が入ってくる一方で、新大陸原産の新しい食物も導入され、日本の食文化に新しい息吹をもたらしたのである。

江戸期に入ると、幕藩体制の下で社会が安定し経済的な余裕も生まれてくる中で、食文化もさまざまな面で発展する。世界でもまれな識字社会の下で多数の料理書が刊行されるようになり、料理文化が武士から裕福な町人層にも広まっていく。江戸後期、特に文化が爛熟した化政期になると、100万都市江戸には高級料亭が繁盛し贅沢な宴会料理が供される一方、庶民レベルでも蕎麦やヨーロッパが源流である天ぷらなどの屋台がならび、握りずしのスタイルも発明されて、いっそう食文化が多様化していくのである。

第 3 章　食と歴史学

3-3　近代以降の日本の食

　日本の食文化は、幕末から明治期になると、西洋文明が流入してくる中でさらなる展開をとげることとなる。肉や乳製品を用いた西洋料理が紹介され、外国産の種々の野菜が導入されるなど、さまざまな変化が生じた。長らく肉食から遠ざかっていた日本人が肉食を文明開化の象徴として取り入れるにあたっては、和風に味付けし鍋料理のスタイルをとった牛鍋など、日本人に適応したアレンジが施され、しだいに和洋折衷の「洋食」が発展するようになる。大正期から昭和初期になると、この洋食が近代化に伴って数を増してきた都市の中間層を中心に普及する一方、農村部ではいまだ雑穀や野菜類に頼る古い型の食生活が支配的であった。

　前節で説明したような欧米における工業化や都市化に伴って生じた食をめぐる諸変化は、基本的には世界共通の現象であり、明治末期以降ようやく工業化や都市化が進展しはじめた日本にも当てはまるものといえる。ただ日本の場合は、軍隊による食の洋風化促進や白米食の普遍化など、いくつかの特性もみられる。なかでも日中戦争から太平洋戦争、敗戦後の占領期にいたる十数年間は、食料不足と食品流通の統制によって食生活のあり方が大きく変化したといえる。それまで、地域や階層によって異なっていた米の消費が全国的に均一化され、この時期に実質的な意味で米が日本人の主食の地位を確立したともいえよう。

　戦後の日本における食生活の変化は著しいものがある。とりわけ1960年代の高度経済成長は、それまでの農業中心の社会構造を根本的に改変し、人口移動による過疎化を伴いつつ全国的な都市社会化をもたらした。食生活のあり方もそれに従って大きく変化した。たとえば、戦前からの食の洋風化の流れが継続しただけではなく、副食の充実による米の消費量の減少、スーパーマーケット（後にはコンビニエンスストア）やコールドチェーンによる食品流通の変化、家族関係の変化に伴う食卓風景の変化、外食や中食の拡大などなど、あげていけばきりがないほどである。

53

そのなかで特に注目すべき最近の現象として食のグローバル化がある。これは、食料生産に関わる分野での輸入拡大・海外依存率の上昇だけでなく、消費分野では外食や家庭食への外国料理（いわゆるエスニック料理も含む）の爆発的浸透があげられる。明治期以来の食の洋風化とは明らかに異質な傾向であり、むしろ食の国際交流の深化と特徴づけるべきかもしれない。またそれとは逆のベクトル、すなわち、最近の日本食ブームに伴う海外への発信や展開にも注目すべきであろう。スシに続いてラーメンもまた今や国際化しつつある。種々の政治的背景と絡みつつ2013年に実現した、「和食」のユネスコ世界無形文化遺産への登録もまた同じ流れのなかにある。21世紀の日本の食がどのように変化していくのか、今までの歴史を振り返りつつじっくり考えることが求められる。

より深く学びたい人のために

石毛直道（監修）『世界の食文化』全20巻、農山漁村文化協会、2003〜2008年。

江原絢子『家庭料理の近代』吉川弘文館、2012年。

佐藤洋一郎『食の人類史』中公新書、2016年。

原田信男『日本の食はどう変わってきたか――神の食事から魚肉ソーセージまで』角川学芸出版、2013年。

原田信男『歴史の中の米と肉――食物と天皇・差別』平凡社、1993年。

原田信男『和食と日本文化――日本料理の社会史』小学館、2005年。

フランドラン、J＝L／モンタナーリ・M（編）『食の歴史』全3巻、藤原書店、2006年。

フリードマン・ポール（編）『世界 食事の歴史――先史から現代まで』東洋書林、2009年。

ローダン、レイチェル『料理と帝国――食文化の世界史：紀元前2万年から現代まで』みすず書房、2016年。

Column

| コラム | 食品偽装問題の長い歴史 |

2007 年に日本漢字能力検定協会が選定した「今年の漢字」は「偽」であった。同年全国的に報じられた食品をはじめとするさまざまな偽装事件がその背景にある。世紀が転換して以来、食への信頼を揺るがすような事件が続発していたが、この年の食品偽装事件の噴出はまさにそうした流れのピークとなる出来事であった。人々はあらためて、大量消費社会の中で、食の安全を保証するシステムが機能不全になるとどうなるか、ということを実感したのである。

しかしこうしたことは何も新しい現象ではない。実は欧米の経済的先進国は、おしなべて 19 世紀半ば頃にずっと深刻な食品偽装問題に直面していた。最初に産業革命を経験したイギリスがその典型例で、権威ある医学雑誌『ランセット』に掲載された連続論文で、当時流通していたほとんどの食品が何らかの形で偽装されているという事実が暴露されたのである。なかには、子ども用の砂糖菓子に有毒な着色料が大量に使用されているといった恐ろしい例もあり、深刻な食品スキャンダルとなった。

イギリスではこうした事態を改善するため、欧米諸国の先頭を切って、1860 年に食品の流通を取り締まる法律が制定された。この法律は不十分なものであったが改定が加えられ、他の欧米諸国も含めて、19 世紀後半から 20 世紀にかけて公権力が市中に出回る食品の安全性を保証するための法的制度的なシステムの構築がはかられていく。これもまた食の歴史の重要な出来事である。

現在では食の安全は制度的には保証されているといえる。しかしそれにもかかわらず、さまざまな偽装事件はあとをたたない。食をめぐるやっかいな問題の一つである。

第 2 部

フードマネジメント
Food Management

　自然収穫物のみでは、約 75 億人の食を確保することはできません。政府・企業などさまざまな主体は、有機的に食供給システムを形成し、消費者に提供しています。食供給システムを形成する生産主体、需要を形成する消費者、そしてそれらで構成される社会システム全体を複眼的に考察することで、食の側面からより豊かな QOL（生活の質）を実現可能になります。第 2 部では、食を社会学・経済学・経営学といった社会科学の観点で理解するために、基本的なアプローチについて学びましょう。

第**4**章

食と社会学
食べるモノ・コトからみる社会

キーワード

社会

共食

家族

ジェンダー

階層・階級

エスニシティ

フードシステム

オルタナティブフード

この章で学ぶこと

　今日あなたが何を食べ何を食べないのかは、自由で私的な選択のようにみえて、個人を超えた社会関係の交錯した結果でもある。本章では、食と社会の関係を読み解くために必要な観点を示していく。特に社会学における重要概念である家族、ジェンダー、階級、エスニシティを軸に、いかなる食と社会の知見が導き出されているのか、その領域を紹介する。身近な食の場面を題材に、社会学理論を援用することで、ふだんと異なる観点から食生活や食文化をとらえ直す。それとともにグローバル化・工業化のもとで複雑化した食の生産・加工・流通・販売の問題を見通し、不可視化されているフードシステムについてみていく。

　そして食をめぐる現代社会の課題を乗り越えるべく展開されている活動や実践から、いかにしてよりよい食を実現することが可能なのか、いかにして社会を変えていくのかを考えてみよう。

1 共食から生まれた社会

　人も生物である以上、食べなければならない。人間は食物摂取によって生理的要求を満たす。ただし人間の食生活には、単に食べること以上の社会的意味がある。人間にとって、食事は多くの生物と同様に栄養摂取であるが、それ以上の意味をもっているのだ。たとえば、「同じ釜の飯を食う」という慣用句にみられるように、複数の参加者が同時にあるいは同内容の食事を取ることは、共同体としての帰属意識をもつこと、あるいはそれを強化する意味がある。また、食生活に招待するということは、儀礼の意味もある。食費を参加者の一部メンバーが肩代わりすることで、上下間や男女間の関係の確認がおこなわれることもある。自作の手料理を食べてもらうことで特別な関係を意味づける場合もある。生きていくことを比喩的に表す言葉に「飯を食う」というものがある。「～で飯を食う」は生計をたてることを意味し、扶養することを「食べさせてやる」という言い方で表現する。

　社会という言葉は広い範囲を示すが、ここでは2人以上の構成員をもつ継続性をもった集団とする。その意味の社会は、他の個体とともに食べる行為、すなわち共食によって産み出されたという説がある。サルなどほとんどの霊長類では、食物摂取は個体単位の行動であり、原則的に食物はその場で消費される。ところが、人類は食物をその場で食べずに自分の必要以上の量を採集し、仲間のもとに持ち帰り分け合う。人類の祖先が狩猟をするようになったとき、効率的な食物分配と食物摂取をおこなうために血縁を基礎とした継続的な集団が形成され、それが最初期の集団単位である家族の起源となった。世界の多くの地域では狩猟は男性の仕事とされる。初期の人類が狩人になったとき、男性がとった獲物を独り占めにせず、持続的な性関係を結んだ特定の女性と、そのあいだに生まれた子どもに分配するようになった、それが家族となったのではないかという。いわば共食する行為が家族という社会集団を生み出したのだ。

第 4 章　食と社会学

　そして限りある食べ物を共食するとき、強い者が独り占めにしないように、食物を分配するルールができる。この食物分配のルールをもとに食事における「ふるまいかた」の規範が成立し、それが発展して食事作法となる。食物分配が食事作法の起源でもある。食が社会を産み出し社会が食の規範をも作り出したといえる。このように人間は社会的動物であり、人間の生の基本である食は社会と切り離せない。

1-1　食の社会的性質とは

　食と社会の関係をみるために社会科学の諸学問には分析視点が用意されている。なかでも社会学は社会というあいまいでとらえどころのないものを切り取るさまざまツール（分析概念）を磨いてきた。人間の社会と食の関係を考えるための社会学的観点をいくつか紹介しよう。

　社会学者ジンメル（Georg Simmel）は「食事の社会学」（『社会学の根本問題（個人と社会）』居安正訳、世界思想社、2004 年）において、以下のように指摘する。「人間が食べて飲むということはもっとも利己的なもの、もっとも無条件に、もっとも直接に個人に限定されたことなのである。すなわち私の考えることは他者に知らせることができ、私が見たものは他者に見せることができ、私がいうことは数百人が聞くことができる。——しかし個人の食べるものは、いかなる状況においても他者が食べることはできない」（前掲、156 頁）。お互いの食べているものを分有できないという彼の断言は人々のつながりを否定する冷徹な指摘のように聞こえる。だが食べるものは共有不可能であるという事実が万人に共通するがゆえにこそ、かえって食事はその形式において規格化されてきたのだという。「われわれが食べなければならないということは、われわれの生存価値の発展においては、きわめて原始的で低きに横たわっている事実であり、したがってこの事実はあらゆる個人にとって問題なくあらゆる他者と共通である。まさにこのことが共同の食事のための相互会合を可能とし、そしてこのように媒介された社会化におい

61

て、食事のたんなる自然主義の克服が展開する」（前掲、166頁）。食べるこ
とは各自が好きな方法、時間にできる以上無秩序な醜いものになりまねな
いがゆえに、「超個人的に規制されて形成された様式化された規定」が求め
られる。「適切とされる振る舞いにより、一定の時刻に食べられるべき」と
いう規則性を有することではじめて食事は文化となるのである。たとえば、
まださほど親しくない間柄の人が会食するときは天候についてなどあたり
さわりのない会話を交わすのが普通なように、規則的な社会的相互作用こ
そが食事の基礎としての身体的欲望を隠微することができるからである。
食物と口のあいだにナイフとフォークが介在することで自然から文明を分
離させる距離が生み出され、「実利的に個人的な我欲が食事の社会形式へ移
行」することが可能となるという（前掲、160頁）。ジンメルはこのように食
べるコト、すなわち食事のもつ社会的性格と食べるモノを構成するさまざ
まな規則を示していた。

　ジンメルの言明は食事が無秩序な行為でなく規則の影響下にあることを
示す。食べ物を身体に取り込む行為は潜在的に自己と世界、すなわち知っ
ている存在と未知の存在の不安に満ちた接触を引き起こす。食事の体系は、
自然に文化を刻みつけて行為を規制することで、この不安を和らげるもの
である。

1-2　社会問題の社会学／「問題」として発見される「社会」

　では社会という対象はどのようにして把握することができるだろうか。
　社会にはさまざまな問題がある。新聞やパソコン・スマホでソーシャル
ネットワークサービス（Social Network Service: SNS）を開いてみても、貧困
や格差、不安定な雇用、医療・年金・介護、少子高齢化、いじめ、学力低下、
性差別など社会の問題とされることを扱ったニュースを見聞きしないこと
はないだろう。こういった問題は、それらの原因が個人の性格や自然現象
ではなく社会に起因するから社会問題とよばれている。

第 4 章　食と社会学

　社会問題はどのような立場から問題としてとらえるのかが重要である。大多数の人々にとって自明視されている問題と、多くの人は問題とはとらず少数の人だけが問題とするものがある。ある人々にとっては問題であることが当然であっても実は他の人々にとってはそうではないということもある問題が先にあってそれを解決するのではなく、逆にある事象を前にして「解決されるべきもの」ととらえることによってその事象が問題となる。「問題」としてみる枠組みを当てはめることで、その対象が「社会」として切り取られて取り出される。はじめから社会が自明なものとして存在するのではなく、いわば問題視することで社会は立ち現れるのだ。

1-3　社会学的想像力／社会と個人の結びつき

　ところが食と社会をめぐる問題について論理的に説明したからといって終わりにはならない。ことはそう簡単ではない。頭では理解できても感覚として腑に落ちるとは限らない。なまじ身近な対象であるがゆえにこそ、かえってとらえがたいように感じるかもしれない。とはいえ、私たちとしては、やはり食と社会の関係をリアリティある対象として認識できるようになってほしい。では、いかにして食の問題を自分たち自身の問題として考えることができるだろうか。

　一杯のコーヒーを飲みながら新聞に目を通す。そのコーヒーは、グローバルな資本主義のシステムを通じて地球の反対側の遠い国々とつながっている。一方、戦争や政変や危機や災害を報じる記事の裏には、私たちと似たようなくらしを営む無数の家族や恋人たちが住んでいる。こうした身近な出来事を広い文脈と結びつけて考える能力、またそれとは逆に、広い世界の出来事を身近な問題として考える能力を、社会学的想像力と呼ぶ。社会学者ミルズ（Charles Wright Mills）の用語であり、個人経験とそれを生み出す社会的な力を結びついたものとしてみる思考様式である。私的な問題を考えても、必ずその思念・思考様式には社会構造が投影されており、個

人の実践は何らかのかたちで社会にフィードバックされる可能性がある。

　これを食の世界に置き換えると、日々の食事と、食を取り巻くさまざまな力と巨大なフードシステム（第3節参照）のあいだの相互浸透を理解する能力と言えるだろう。今日何を誰とどのように食べるのかは、あなた自身の身体健康をめぐる問題であるとともに社会の身体健康の問題でもある。食の嗜好、健康、費用、時間……個人は自由に食を選択し活動しているようにみえるが、既存の社会・文化的文脈の元で選ばされていることが多い。私的な日常の食生活を考えても、必ずその選択には社会問題・フードシステムの問題が投影されている。食の選択肢をコントロールする力は強力だが固定的でなく流動的でみえにくいものだ。現代社会の食は、不可視化されたフードシステムの圧倒的な影響下にあるが、諸個人はどのようにしてよりよい食を実現していけばよいのだろうか。

　よりよい食の未来、その一歩は、みなさんが自己と社会のつながりを意識化し、行動につなげていけるかどうかにかかっている。本章は、食の社会学的想像力を身に付けてもらうことを目指して編まれている。ここからさまざまな概念や事例とともに食と社会の関係をみていくなかで、この能力を習得していってほしい。

2　身近な食の場面から見える社会

　社会は均一な空間ではなく、その内部にさまざまな境界があり区分され、ときにその区分によって不平等が生じている。重要な区分であるジェンダー、エスニシティ、階層・階級を紹介する。

2-1　家族とジェンダー／男は仕事・女は家事？

　何を食べてよく何を食べてはいけないのかという食嗜好と、どのように

食べるのかという摂食行動は社会によって異なる。多くの子どもは家庭の場でこうした食行動を身に付けていく。家族は食学習の基本的な単位として考えられる。親の習慣や考え方、家族形態（単独、夫婦のみ、核家族）、世帯の社会経済状況が家族に影響するが、現代の家族と食の関係を考えるうえで特にジェンダーは不可欠な分析概念となっている。人間には、生物としての性差とは別に時代や地域によって異なった形で存在する性差もある。この社会的・文化的に生み出された性差を、生物学的な性差（sex）と区別して、ジェンダー（gender）と呼ぶが、ジェンダーは女らしさ／男らしさとして食生活のさまざまな場面に見られる。食事の空間が老若男女でどのように区分されているか、調理作業を誰が担当するのかなどにジェンダーの非対称的な関係があらわれる。

　たとえば、品数豊富な手作りの家庭料理が並んだテーブルを囲む家族。このような光景は、家族の幸福なイメージとしてドラマやテレビコマーシャルで何度も描かれる。手作りの家庭料理は「家族への愛情の証」として高い価値を付与され、冷凍食品やコンビニ弁当は（たとえ栄養面や味の面で家庭料理に勝ることがあったとしても）その対極に置かれる。家族の共食の様相は文化や社会によって異なり、時代とともに変化してきたが、特に近代化のなかで食と家族は密接に関連づけられてきた。またそこには、ジェンダーの規範が深く関わっている。家庭が公的な領域から切り離された私的な場となる近代的な家族のありかたが一般化した時期（日本では明治時代以降）には、専業主婦が家事・育児や家族の健康管理を担い、栄養バランスの取れた手作りの食事を食卓に並べることを「あるべき姿」とする規範が広く流布し、人々の行動に影響を与えてきた。

　ただしこうした「食卓を囲む家族団らん」というありかたが日本の家庭で広く実現したのは、じつは戦後から1970年代までの約30年間の限定された現象である。戦前は食事作法や労働状況などの条件が合わずに「食卓を囲む家族団らん」は実現が難しく、また1980年代以降は個食化・孤食化が進むなどして「家族団らん」は必ずしも実態を反映してはいない。一方で「食

卓を囲む家族団らん」は、時代によって目的が異なるとはいえ、政府が戦前から現在に至るまで推し進めており、それは学校の家庭科教育を通じて子どもたちに教え込まれてきた。それら団らんの言説では、家庭の場で食材の調達や食事の用意を担当するのはもっぱら母親であり、外で仕事をする父親はあまり関与しないという性別役割分業を固定化してきた歴史がある。

　現代においても、男女平等がうたわれ女性の社会参加が推進されようとも、家庭環境では「男は仕事・女は家庭」という性別役割分業意識が強いままであり、男性の家事・育児参加時間は短いままである。結果、「男は仕事・女は家庭と仕事」となり女性は不安定な就労環境で家計を支えつつ、家事や育児負担も担わなければならなくなっている。中食（調理済み食品の家庭内での食事）や外食の伸長には、共働き化する社会状況が背景にある。

　日本男性の家事参加時間の低さと夫婦間の意識ギャップ（夫は参加しているつもりだが、妻から見るとしているうちに入らない）は、OECD（経済協力開発機構）諸国のあいだにおいても際立っており、家庭の食事に対する男性の参加度を高める方策が議論されている。男性の意識改革は必須であるが、そもそもの背景には、男性の無限定的な長時間労働（とそれを前提とした企業の雇用体制）があり（家事に参加するつもりがあってもその時間がない）、家庭の食事の場面だけの問題ではない。

　ワークライフバランスなど労働論との接続が必須の分野でもある。家庭の食の問題を解釈するには、仕事における問題が関わるように、食の社会問題のマネジメントには複数の領域を横断的に考える必要がある。

2-2 階級・階層／食にあらわれる格差

　階層とは、財産、職業、所得、学歴などの社会的地位がほぼ同じか類似した立場の人々の集合体を指すもので、社会階層論の立場では社会を複数の層から構成されたものとみなす。各階層は職業、所得、学歴などによっ

て区分される。階層が研究者による任意的な区分であり連続性があるのに対し、階級は（現在では必ずしも自明ではないものの）意識的・実体的なカテゴリーとされ相互の対立が強調される。

そして社会は階級ごとに異なる文化をもつ。文化は価値観、規範、信条と関連し、人々にどのように振る舞えばよい行為なのかをうながす要因となる。その意味で文化は、人々の食を規定する制約となる。それぞれの階級のメンバーは自らの所属する集団の文化から所作や振る舞いを覚えるとともに、他集団と自集団を区別する。

この階級間関係を維持・再生産する文化の機能を、フランスの社会学者ブルデュー（Pierre Bourdieu）は文化資本と名づけた。文化資本とは、学歴や音楽や芸術など教養のことであるが、それらに加え食の嗜好性がブルジョア階級と労働者階級で大きく異なることが示されている。ブルデューによれば、労働者階級の食習慣は、中産階級の食習慣と根本的に異なっている。肉体労働者たちは猥雑な雰囲気のなかで大量に食べることを好む。一方で資本家たちは食べるものにはあまりお金をかけず、代わりに健康や美容、ファッションに多くを費やす。その結果、粗野な性格で太った体型になりがちな労働者男性は、節制された細身の身体の官僚や学校教師たちと対照をなすこととなる。労働者の食習慣は今・ここの物質的必要性を満たすことを重視するのに対し、資本家たちの食習慣は年を取ったときの自らの外見や健康といった未来に基点を置き美的感覚に沿って遂行されるものとなっている。

食べ物は、物理的・社会的空間の内部において個々人に無意識に採用される言葉遣いや文法のような一連の規則の働きと連動することで、社会構造とその構造内部でのさまざまな差異を映し出す。

2-3 エスニシティ／周縁化された異文化の食

他集団から排斥される状態にある集団の食文化は、集団内部において結

束を高める作用（共同化）ももつ。たとえば故郷の国や地域を離れて新しい社会に移り住む移民の食は、移民と原住の人々や他の移民との差異を示す指標として機能する一方で、彼らが移住先で新しいアイデンティティを作り上げるための媒体ともなる。異なる社会から来住した人々は、ホスト社会（移民を受け入れた多数派社会）の文化と異なる社会集団を形成するが、なかでも異なる習俗・思想・宗教をもつとされる人々の表出する文化はエスニシティと呼ばれる。「民族的」「異国風」などと訳される「エスニック」という形容詞があるが、エスニシティとはその名詞形で、人種という区分に代わって、元来文化的な要素を強調した分析概念として用いられてきた。

エスニックフードというと、日本では東南アジアや中東由来のスパイスの効いた辛い料理と思われることが多い。だが、あくまでも外部社会に流通・変容していくなかで一般化・大衆化して親しまれる存在になった一部の食べものがそう名指されるようになったのであり、本来エスニックフードは、こうした主流社会から周縁化された人々によって集団内部でのみ食べられていたもので、社会の多数派（マジョリティ）からは忌避される存在だった。

こうした全体社会から疎外された人々の食は、ノンフィクションやルポルタージュで記述されることも多い。すぐれた作品は、差別されてきた民の料理を探し出し、一般人が見向きもしなかった食材を工夫して作った料理に込められた血と汗と悔し涙を記述し、単に「おいしい」では済まされない、ソウルフードとしての姿をまざまざと示してくれている。

3 グローバルなフードシステムの危機

食べ物は光や土や水の恵みをもとに産み出される。現代社会の食を考えるには、消費者に提供される食卓以前の段階、すなわち農業や水産業、それらを流通・加工する企業、小売販売業の世界も視野に入れなければならない。グローバル化・工業化のもと不可視化されている食の生産・加工・

第4章　食と社会学

流通・販売の問題を見通す視点を紹介する。

3-1　工業化される食／環境問題・安全リスクの増大

　農水産物は、生産、流通、調整・処理、加工、製品流通、飲食サービスなどを経て食品となって消費者の手に届く。この多様な産業主体によって担われている多段階の過程をフードシステムと呼ぶ。食料品の生産から消費にいたる流れにそって、それらをめぐる諸要素・諸主体と諸産業の相互依存的な関係を連鎖する仕組みとしてとらえる枠組みである。ファストフードがベルトコンベア方式で次々と作り出されているように、多くの食品は工業製品と同じように製造され供給される。食は工業化によって低価格と利便性を得た。しかし、フードシステムの複雑化・不可視化は環境問題と社会的リスクをもたらしている。たとえば、遺伝子組み換え技術は農作物を増収させるが、技術を持つ特定企業の提供する品種とそれに対する農薬を購入し続けねばならなくなる。これは農家への負担を増大させるだけでなく、環境へのリスクを高め、結果として食の安全性や社会的なコストを高める可能性をもっている。

3-2　グローバル化する食／世界規模のリスクと不平等

　食の工業化は多国籍企業によって世界規模で展開されるようになる。グローバリゼーションの展開は、地域の自然環境による限定を低めていく効果をもたらし、地域と風土に根づいた生活習慣が失われ、食文化がもっていた多様性を喪失させてしまう。現代の食は世界規模では均一化しつつある。巨大多国籍企業による農業生産のモノカルチャー化（単一耕作化）、品種・栽培・加工技術の独占、そして食料流通の集中によって、集中化・均一化している。約60の企業が世界の食品加工の7割を、約20の企業が世界の農産物取引市場の過半数を占めている。世界の食料・農業システムは、一

69

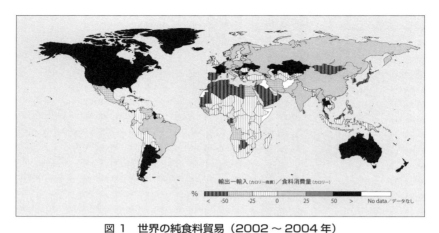

図1 世界の純食料貿易(2002〜2004年)
数値がプラスの国々は、食料の純貿易が多く、輸出国であることを、
数値がマイナスの国々は、自国の食料を輸入に頼らざるを得ないことを示す。
出所:公益社団法人国際農林業協働協会『世界の食糧事情』より改変。
http://www.jaicaf.or.jp/fao/world/2006_ntf.pdf

見家庭の食卓で世界中の食材を楽しむことを可能にしているように見えるが、その背後では効率性にそぐう世界商品だけが生産流通させられており食の画一化が進んでいるのだ。

　グローバル化以前は、多くの国で主食となる食料の大部分は自国内で生産されていた。しかし経済のグローバル化以降は、市場価格によって外国から農産物を買い入れることを優先する国が増加した。世界各国の食糧の輸入／輸出量の差をみると、アフリカ、アジア、中央アメリカなど農業従事者の比率が高い国ほど、食糧を輸入している(図1)。この傾向は、主要作物の商品作物への変更や、都市化による食料購入者の増加によりもたらされており、ときに発展途上国で食料不足を引き起こしている。カカオの輸出国であるガーナではチョコレートを購入できるような豊かな人があまりいない。このような事実は、植民地体制に由来し現在の南北問題まで継続するグローバルなフードシステムのもたらす不平等といえる。先進国の消費者にとっては世界中から運ばれてくる食品はありふれたものかもしれないが、グローバルな視点から見ると、それは圧倒的に非対称な食の構造を

示している。

3-2 安全と安心／科学的判断とシステムに対する信頼

　現代の食品の開発・生産・流通の大半が企業活動によるものである以上、食べ物の安全に第一の責任が企業にあるのは当然としても、安全の基準についての考え方は企業や消費者、行政・政府、専門家の間で必ずしも一致していない。消費者の多くは、日常の生活感覚や学習した日常生活の知恵に照らして判断する。一方専門家は、食べ物の安全性を因果関係や疫学調査にもとづいて科学的に判断し、何パーセントの確率で危険であるのかを示す。メディアは研究者の見解を紹介することで専門家への配慮も示すが、消費者の安心感覚も共有している。それに対して、生産・流通業者と政府・行政は「科学的根拠にもとづく安全性」を重視する。有害性の科学的根拠が示されない限り、食品の安全性は問題視されない。政府・行政は、有害性が科学的に証明されていないかぎり、業者の行為を規制できないとする立場を取る。それゆえ食品の安全性に対する選択は消費者自身に委ねられる傾向にある。しかしながら、ある食品が科学的に安全でないとは言えないと示されても、その食品を安心して口にできるとは限らない。人々の安心を得るためには、システムが安全でなければならないが、それだけでは十分ではなくシステム自体が信頼されていなければならない。

　食に対する科学的判断は部分的なものでしかないのだが、それを口にする人々すべての身体に直接関わるものであるという点で普遍的な影響を及ぼしうる。3・11以後の原発や放射能をめぐる状況から想定できるように、日常感覚と科学的判断の乖離は深刻な対立を生み出しているが、食をめぐるリスクコミュニケーション（安全をめぐる問題に対して行政、専門家、企業と市民が情報を共有し意思疎通を図って対策を進めること）の中により鮮明な形で現れている。

4 オルタナティブな食

　工業化は食料生産・供給の向上と効率化を可能にした一方で、グローバルなフードシステムのもとで、飽食と大量の食糧廃棄、環境破壊、地域の農業・食文化の衰退など多くの「問題」ととらえられうる現象を引き起こしてもいる。こうした事態を打開しようとする人々によって、食と社会の関係を作り直そうとする取り組みもある。

4-1 CSA・提携・有機農業・オーガニック

　食を軸に社会を変えようとする方法の一つとして、コミュニティに支援される農業 (Community Supported Agriculture : CSA) がある。既存のフードシステムに取って代わる新しいオルタナティブな食を求める運動として有機農業を思い浮かべる人もいるかもしれない。たしかに 1970 年代に始まった日本の有機農業運動は、地場生産・地場消費 (地産地消) を目指し、生産者が自分たちの作った作物を、つながりを結んだ消費者に直接送り届ける提携によって、顔の見える食の関係を取り戻そうとした社会運動としての性格を強くもっていた。しかしながら、当初目指していた地元消費者との提携が果たせずに意識の高い消費者との遠距離提携に転換を余儀なくされることも多かった。そして 1980 年代には有機農産物が提携以外の一般市場に流通するようになり、運動として提起された問いかけ (生産者とのつながり、持続可能な食の追求) は薄れ、90 年代以降は安全な商品として「底の浅い」ものとなったとされる。

　同様にアメリカにおいてもオーガニック食品はアグリフードビジネスによって再編され、カリフォルニア州ではオーガニック食品はメキシコからの非正規移民を大量に搾取して生産される工業的商品と化している。大手スーパーマーケットのウォルマートなどが扱う大量に流通し消費されるグ

第 4 章　食と社会学

ローバル商品となっている状況により、現在ではオーガニックという言葉は必ずしも社会正義や公正を意味するものとしては使われなくなっている。

4-2 フードシティズン（食市民）

　欧米では近年、食政策に関する地域協議会（Food Policy Council：FPC）が設立され、食と農をめぐる取り組みが見られるようにあっている。その取り組みでフードシティズン（Food Citizen：食市民）の考え方が注目を集めるようになっている。これは食をめぐる問題に対して、受動的な消費者としてだけではなく安全で健康的な食品流通への責務に自覚的な市民としても向き合おうというというものだ。

　たとえばフードデザート（Food Desert：食の砂漠）という問題がある。日本では買い物難民とも呼ばれるもので、自動車交通の発達による生活用品販売店舗の郊外移転化により、古くからの住宅地の商店街や中小規模小売店舗の廃業によって、自動車のような長距離移動手段を持たない人々が安価で生活必需品を購入することが困難な地区が発生するようになった問題をいう。この問題は、特に低所得・高齢などのため自動車や原動機付自転車を所有できない（運転できない）、かつ住み替え能力の低い居住者だけが取り残され、若者から「専門店のない地方」への居住が忌避されやすくなるため、社会的排除の典型例として問題視されている。

　この問題に対して、従来の消費者的な視点だけでは、行政に対して食料配給など支援を求める方法になりがちであるが、財政難などを理由に支援を受けられないことも多い。一方市民として自らの地域の問題として考えると、住民の共同購入のために定期的な移動販売車を導入するなど主体的な活動が可能となるというものである。研究としても、国家、市場と並ぶ第三のステークホルダーとして市民社会を認めていこうという動きがある。欧米でもカナダのトロントなど先進的な都市部での活動が中心で世界的には限られた活動ではあるが、地域の食を住民参加型で協議して主体的に解

73

決を図っていく点で日本においても示唆的である。

　「何を食べているのかでその人のことがわかる」という表現がある。これは食べものの好みが個人の嗜好性以上の広がりをもつことを指す。人間の食べ物や食事には、その人の社会的属性、その食の栽培、加工、調理、選択にまでいたる過程が反映されることを意味している。本章では、身近な食卓の場面から世界規模の食料の生産供給体制まで、社会における食の現代的状況の一端を提示した。食の社会問題を想像するための観点や議論を示してきたが、食をめぐる論点は具体的な実践や活動に結びついてこそ意義がある。「何を食べているのかから社会を知り、さらにこれから何を食べていくのかを考え行動する」ところまで進むことを期待したい。

より深く学びたい人のために

柄本三代子『リスクを食べる——食と科学の社会学』青弓社、2016年。

グプティル、エイミーほか『食の社会学——パラドクスから考える』伊藤茂（訳）、NTT出版、2014年。

野田潤・畠山洋輔・品田知美『平成の家族と食』晶文社、2015年。

辺見庸『もの食う人びと』共同通信社、1994年。

ポーラン、マイケル『これ、食べていいの？ ハンバーガーから森のなかまで——食を選ぶ力』小梨直訳、河出書房新社、2015年。

桝潟俊子・谷口吉光・立川雅司（編著）『食と農の社会学——生命と地域の視点から』ミネルヴァ書房、2014年。

ミルストーン、エリックほか『食料の世界地図（第2版）』大賀圭治（監訳）・中山里美・高田直也（訳）、丸善出版、2009年。

秋津元輝・佐藤洋一郎・竹之内裕文（編）『農と食の新しい倫理』昭和堂、2018年（刊行予定）。

Column

コラム　台所から社会を考える

現代人の食は均一化している。社会学者リッツァ（George Ritzer）は『マクドナルド化する社会』（早稲田大学出版部、1999年）で、ハンバーガー・チェーンのマクドナルドに典型的なファストフード的システムを、「効率性」「計算可能性」「予測可能性」「制御」にまとめ、これらが支配的な状況を社会のマクドナルド化と呼び、脱人間的、非人格的と批判した。重要なのは、大量生産に欠かせない効率化が生産現場にとどまらず、サービスの場にも波及し消費者の期待や行動が変化した点だ。つまり大量生産の効率性、計算可能性、予測可能性、制御という思考様式を消費者も身につけるようになったのだ。

　元来は作業を簡便化し生を豊かにするはずの合理性の追求が、逆に非人間的な管理システムに転化していく。家庭の台所を舞台に、この「啓蒙の弁証法」を記述するのがコーワン（Ruth Schwartz Cowan）の『お母さんは忙しくなるばかり』（法政大学出版局、2010年）と藤原辰史の『ナチスのキッチン』（共和国、2016年）である。前者はアメリカ、後者はナチスドイツにおける台所と家事の歴史的展開を追う。そこでは、テクノロジーが生活のすみずみに浸透していくことが自身の解放にはつながらず、かえって仕事が煩雑かつ多忙になるばかりの、そして国家に動員され戦争に奉仕することになる主婦たちが描かれる。

　このように台所は社会全体の変化とつながっている。料理を作り提供する食の現場はフードシステムの圧倒的な力のもとにある。私たちの食生活はグローバル展開する資本主義の末端にすぎない。だが一方で、社会は周縁化された細部から変わるとも言える。逆に台所から社会を変えようとすることもできるのだ。例えばたまにはインスタント食品をやめて地元野菜で自炊してみる、食器洗剤を合成洗剤から自然由来のものにする……日々の実践の積み重ねで、社会は少しずつ変わってゆく。私たちは毎日三度、社会を変えるチャンスに面している。台所は食物連鎖の終わりであるとともに食と社会の関係を問い直す始まりでもある。

第 **5** 章

食と経済学
市場を通じた食の取引

キーワード

市場（マーケット）

●

需要と供給

●

食選択

●

市場の失敗

●

付加価値の生産

●

機会費用

●

リスク

●

インセンティブ

●

情報の非対称性

●

政府の失敗

この章で学ぶこと

　現代の経済社会に生きる私たちは多くの財やサービスを売買によって手に入れている。それは食品や食事のサービスにおいても同じである。財やサービスに価格を付けて売買し、その配分や所有を決めることを「市場メカニズム」と呼ぶ。現代社会における食を考えるとき、市場を利用することの利点と問題点をまず理解しなければならない。特に、市場参加者の意思決定メカニズムや、市場がうまく働かないときに政府が何をすべきなのかは私たちの日々の生活に直結する問題である。また食を含めた商品の「価値」が市場でどのように決定されるのかを知ることは、よりよい食の生産や消費を実現するために大切なことである。その合理的な意思決定をするために重要なのが、「付加価値」や「機会費用」といった経済学の基本的な考え方である。

　本章で学び、それらをしっかりと理解しておこう。

1 「食」を売り買いすることの意味

　人類はその発生の瞬間から、生きるために食の生産と消費の問題に直面してきた。歴史的に見てみると、食を含む財やサービスの生産や分配、消費などの問題は、暴力、略奪や習慣、伝統、宗教、文化など、さまざまな方法で決定されてきたが、現代社会では基本的には財やサービスに価格を付けて売買をおこなうことによってそれらの問題は決定されている。

　一般に、財やサービスに価格が付けられ、実際に取引がおこなわれたとき、「市場（マーケット）」が成立したという。現代の経済社会では、食の生産、分配、消費の多くが市場によっておこなわれている。本節は、食に関わる財やサービスに価格を付けて売買することの意味を整理する。

1-1　市場で食を得ること

　市場を通じた取引によって社会生活が営まれているということは、単に経済取引のあり方だけではなく、人々の生き方や意識にも大きな影響を与えている。たとえば、たまたま道端で出会った見知らぬ人が何か食べ物をくれたとしても、あなたはそれを平気で食べることができるだろうか？だが、スーパーマーケットで買ってきたものであれば、それが誰によって作られたものかがわからなくても、私たちは平気で食べている。一体それはなぜだろうか？

　これは、財を売り買いすることの根本的な意味に関わっている。経済学の父と呼ばれるアダム・スミス（Adam Smith）は主著『国富論』（1776 年）で次のように述べている。

　　われわれが食事ができるのは、肉屋や酒屋やパン屋の主人が博愛心を発揮するからではなく、自分の利益を追求するからである。人は相手の善意に訴えるのではなく、利己心に訴えるのであり、自分が何を必要と

第5章　食と経済学

しているかではなく、相手にとって何が利益になるかを説明するのだ。主に他人の善意に頼ろうとするのは物乞いだけだ（『国富論』第1編第2章）。

　食の確保は、安心と安全に特に強く関わる問題である。口に入れるものは安全なものでなければならない。だが、自分が口にするものに関わる全ての人々の行動を監視することは不可能である。市場は、自らの利益を考えるというもっとも強力な利己心を発揮する仕組みを通じて、それぞれの行動を律する社会的仕組みを与えているのである。とはいえ、市場は万能ではなく完全でもない。市場に頼らざるを得ない現代社会が、これらの問題をどのように解決し、あるいは解決に失敗するのかを理解することが、現代の食の問題を考える際の出発点になる。

1-2 経済財としての食

　私たちの生活の基本は衣食住の確保にある。現代社会において、この衣食住を生産し、流通し、消費する一連の行為はどのようになされるのだろうか？

　食に関わる選択の経済的意味を理解するためには、「食」と「呼吸」を比べてみるとわかりやすいだろう。人間の生存に欠かせないという意味では、呼吸は食より重要性も緊急性も高いといえる。けれども通常の環境では、私たちは「呼吸の選択」を考えることはない。たとえば、昼に運動をするとき呼吸が充分できるように朝には呼吸を控えておこうとか、明日の旅行に備えて今日の呼吸を控えめにしておくべきかなどと思い悩む者はいない。これは空気の価値が食事に比べて低いということではなく、空気は必要を満たすのに充分な量がコストをかけずに提供されているからである。このように、全ての人々の欲求を満たすために充分な量が存在している財は「自由財」と呼ばれ、私たちの選択行動の対象にはならない。

　他方、食については空気のように全ての人々のさまざまな必要性を満た

79

すほどに充分存在しているわけではなく、(1) 何を食べるか？ (2) 食をどのようにつくる (確保する) のか？ (3) 誰が食べるためにつくるか？といった事柄を選択する必要がある。このようにすべての人の必要量をまかなえず、その利用について選択が求められるものを「経済財」と呼ぶ。

2　需要と供給

　市場では、財やサービスに対する売りの意欲と買いの意欲が「価格」、すなわち財やサービスの交換比率によって調整される。売りの意欲を「供給」、買いの意欲を「需要」という。一般に、与えられた価格のもとで、需要が供給を上回ったとき価格は上昇し、逆に供給が需要を上回ったとき価格は下落する。これを「需給法則」という。需要と供給が一致したとき価格は安定し、市場は均衡状態にあるといわれる。経済学では、これを需要曲線と供給曲線の交点によって価格が決定されると説明される。

2-1　需要曲線・供給曲線

　たとえば米1kgに対して人は何円までなら支払ってもよいと考えているだろうか？市場参加者の中でもっとも高い値段を付けた人から順番に並べて曲線にしたものを市場の需要曲線という。図1の例では、米1kgに対して付けられた最大の価値は1,000円であり、990円まで支払ってもよいと考える「需要」が4kgあることを示している (図1)。

　他方、市場参加者は米1kgを手放すとして何円をもらえば手放してもよいと考えているだろうか？それを示すために、もっとも安い値段を付けた人から順番に並べて曲線にしたものを市場の供給曲線という。図2では、米にもっとも低い価値を付けているのは80円であり、さらに90円なら手放してもよいと考える「供給」がさらに3kgあることを示している (図2)。

第5章　食と経済学

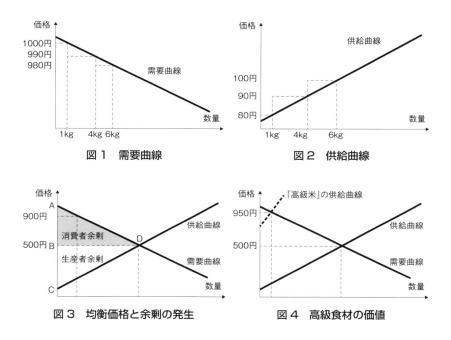

図1　需要曲線

図2　供給曲線

図3　均衡価格と余剰の発生

図4　高級食材の価値

　もし需要曲線と供給曲線が交わる価格で取引されれば、売りたい米の総量と買いたい米の総量が一致する。これを市場の「均衡価格」と呼ぶ。たまたま均衡価格で取引がおこなわれたとき何が起きるのかを図3を用いて確認しておこう。

　図3では、均衡価格は500円／1kgであり、需要量と供給量が一致している。これが米に対する市場の評価となる。500円という市場の取引価格は、実際に取引ができた消費者の米に対する評価としては最低の価格であることに注意しなければならない。実際には、1kgの米に対して500円を超える高い評価を付けている消費者が取引をしているのである。たとえば900円／1kgの評価をしている消費者も市場では500円で米を入手しているのであるから、差し引き400円の得をしていることになる。これを「消費者余剰」と言う。三角形ABDはこの取引で消費者全体が得られた余剰の合計を表している。

生産者についても、実際は市場価格よりも安い価格で売ってもよいと考える生産者のみが取引をしているのであるから、全く同様に「生産者余剰」が発生していることになる。三角形BDCはこの取引で生産者全体が得た余剰である。消費者余剰と生産者余剰の合計を「社会的余剰」といい、均衡価格で取引がおこなわれたとき、社会全体が得られた余剰の合計となる。

2-2 食材の価値とは何か？

　市場の均衡価格は、米に対してもっとも低い評価をしている消費者ともっとも高い評価をしている生産者によって決定されたものだということを別の観点から確認しておこう。

　市場では米1kgが500円で取引されるものもあれば、900円で取引されるものもある。この場合、当然に900円の米は「高級米」と言うことができる。けれどもそれは社会全体として「高級米」の価値が高いということを意味しない（図4）。

　たとえば、図4では、通常の米の供給曲線と、「高級米」の供給曲線を描いている。消費者はどちらの米に対しても同じ評価を下していて同じ需要曲線をもっている。この場合、通常の米の供給曲線に直面すると500円の価格が付けられる。他方、（何らかの理由によって）たまたま「高級米」の供給曲線に直面すると950円の価格が付くことになる。需要曲線が同一であるから、消費者の米に対する「評価」に差があるのではなく、供給量の多寡が価格に反映されたにすぎない。実際、社会的余剰は「高級米」でははるかに小さくなっている。市場価格とは、財それ自体の絶対的な価値を示しているのではなく、需要量に対する相対的な財の希少性を示しているに過ぎないのである。

第5章　食と経済学

3　市場の役割と失敗

　現実の社会では、全ての財やサービスの市場が均衡状態を達成できるわけではない。たとえば、特定の売り手や買い手が強権的に価格や取引量を決定してしまえば均衡状態を得ることはできないだろう。また、商品の内容を偽ったり、そもそも何処で何がいくらで売られているかといった情報が行きわたっていなければ、間違った取引がおこなわれてしまうかもしれない。本節では、まず市場で取引することの利点を確認し、次いでそれがうまく機能しないときに何が起きるかを整理する。

3-1　市場の役割

　特定の売り手や買い手が価格の操作などができないほどに多数であり、取引に必要な情報が全ての市場参加者に充分に行き渡っている状態を「完全競争状態」と呼ぶ。完全競争状態では社会は与えられた資源を無駄なく効率的に利用していることが証明されている。

　市場は市場参加者の選択の幅を広げ、多様な需要に応えるという利点を持っている。また、どこで誰が何をどれほど欲しているのかを調査によって知ることはほとんど不可能であるが、市場では、単にある商品の価格が上がったか下がったという事実のみによって、商品の生産が充分なのか不足しているのかを知ることができる。しかも完全競争のもとで市場が均衡状態にあるとき、単に需要と供給が一致するだけではなく、社会は与えられた資源を無駄なく効率的に利用していることも証明されている。その意味では、完全競争均衡は一つの理想的な社会状態を示しているといえる。

　一般に、政府などが市場に介入することがよい結果をもたらさないことは以下のように示すことができる（図5）。

　図5を見てみよう。均衡価格Bで自由に取引がおこなわれれば、三角形ACDに相当する社会的余剰が得られる。ここでもし政府が何らかの理由で

83

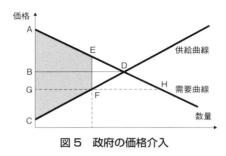

図5　政府の価格介入

価格を引き下げることが必要だと考え、Gの水準の「公定価格」での取引を強制したとすれば、取引量が減少し、FHの満たされない需要が発生する。その結果、社会的余剰も三角形EFDの分だけ失われることになる。つまり、均衡価格以外での取引の強制は、一般にはよい結果をもたらさないのである。

3-2 市場の失敗

　だが、現実の経済社会では、市場取引が必ず効率的な資源配分をおこなえるわけではないことを私たちは日々経験している。市場が効率的な資源配分をおこなえない状態を「市場の失敗」と言う。市場の失敗の原因としては以下の3つが知られている。

●**外部性**

　通常、経済活動の利益や不利益は経済活動をおこなった当事者だけに帰属する。たとえば、私が買ったパンを食べれば、私だけが空腹を癒せるのであり、同時に誰かの空腹を癒すことはない。けれども、経済活動の結果、その利益や不利益が当事者以外にも及ぶことがある。これを「外部性」と言う。当事者以外に利益をもたらすような場合は「正の外部性」があると言い、不利益をもたらす場合には「負の外部性」があると言う。負の外部性の典型

的な例が、工場のばい煙や車の騒音などの公害である。農園の整備によって環境や景観が改善されるのは正の外部性の事例である。

負の外部性があるとき、当事者は社会的な不利益に気が付かないから過剰な生産をおこなうことになる。また逆に、正の外部性がある場合には、社会的には過小な生産になる。これを是正するためには、負の外部性をもたらす経済活動に課税して抑制し、逆に正の外部性のある経済活動に補助金を出して促進するなどの政策が求められる。

●公共財

通常、財やサービスはそれを購入した買い手のみが利用できる。また、購入者以外の利用を排除することも可能である。けれども、場合によっては、他人に影響をあたえることなく集団で利用したり、またコストを負担しない利用者を排除することが現実的は不可能であるようなものも存在する。それを「公共財」と呼ぶ。道路や公園、あるいは治安維持のための警察や司法制度の整備などが公共財の典型例とされている。

●市場支配力

通常の経済では、完全競争のように多数の売り手と買い手が存在しているわけではない。たとえば食品メーカーの中に少数の巨大企業があった場合には、その巨大企業が価格支配力を持つ場合もありうる。図4で示した政府の価格介入のように、独占企業が恣意的に価格の操作をすると、社会的な効率性が損なわれることになる。

3-3 食における市場の失敗

食に関わる市場では、外部経済や市場支配力の存在が顕著であり、市場による効率的な資源配分に失敗することが多い。

外部経済性の典型的な事例として取り上げられてきたのは、果樹園と養

蜂業者の例である。果樹園では花粉をめしべに受粉させる作業が膨大になるが、養蜂業者の飼うミツバチが果樹園に入ることでその作業は大幅に削減できる。また養蜂業者にとってもまとまった果樹があることによって、蜜の採集が極めて容易になる。仮に果樹の価格が下がったとき、果樹園主が自らの利益だけを考えて生産をやめてしまえば蜂蜜の生産も止まることになる。この場合には、政府が果樹園主に補助金を出して生産を続けることが社会全体の利益にかなうことになる。通常、農業生産は景観や環境などさまざまな正の外部性を有していると考えられる。それが、政府が補助金によって保護することの理論的な根拠となっている。

　また食品には生産者と消費者の間に、生産に関わる事柄の情報の非対称性がはなはだしい。このような場合には、政府が積極的に監視制度や認定制度を設けることが必要になる。

　このように品質がすぐにはわかりにくいという性質をもつ商品はブランド化が発生しやすい。かつて「一味違います」という味噌のテレビコマーシャルが盛んに流されたことがあった。「一味違う」ということで同じ味噌であっても、他の味噌とは違う価値をもった商品であることを消費者に感じ取らせようとしている。これを「独占的競争状態」という。

3-4　食の分配

　食は直接生存にかかわる事柄であるから、その分配のあり方は極めて深刻な結果を生むことになる。生存競争とは、まさに食の奪い合いを意味している。

　現在社会における食の分配問題は、災害や戦争など特殊な事例を除けば、所得分配の問題に帰着する。一般に、市場メカニズムは所得分配を与件として資源の配分をおこなっているのであり、所得分配の問題を解決するとは考えられていない。

　所得が食選択に大きな影響を与えていることはよく知られている。低所

第 5 章　食と経済学

得家計では、低価格で必要なカロリーをまかなう必要があるため、高脂質で高カロリーの食品を消費しがちであり、栄養の偏りや肥満を生みやすいといわれる。貧困が健康を損ない一層の貧困状態をもたらしていく一つの事例である。

4 付加価値の生産

　経済学で考える「生産」とは単に物理的に物を作るという行為だけではない。物理的には全く同一の物であっても、場所や時間、まわりの環境が異なれば価格は変わってくる。それが新たな「価値」を作り出すということであり、「生産」ということの持つ意味でもある。現代の食に関連する産業では、より大きな付加価値を生み出すことが課題となっている。この節は、付加価値というものの意味を正しく理解し、それを増加させるために何が必要かを考えるキッカケとしたい。

4-1 付加価値

　生産の本質は「付加価値」の発生にある。このことをパンの生産を例として考えてみよう。小麦を生産する農家、小麦から小麦粉を作る製粉業者、小麦からパンを作るパン屋の 3 人から成る村を考える。ひと月で、農家は 30 万円の小麦を作り、その小麦から製粉業者が 60 万円の小麦粉を作り、その小麦粉からパン屋は 100 万円のパンを作ったとしよう。このとき、この三者でいくらの生産をおこなったと考えることができるだろうか？

　それぞれ、30 万円、60 万円、100 万円のものを作ったのだから、合計 190 万円の生産があったと思いがちであるが、実際は違う。仮に 190 万円分の生産をしたのであれば、それを同時に目の前に置くことができるはずであるが、それは不可能である。製粉業者が 60 万円分の小麦粉を作ったと

87

図6　付加価値

きにはすでに小麦はなくなっているのであり、小麦と小麦粉を同時に目の前に置くことはできない。60万円の小麦粉の中には30万円分の小麦の「価値」はすでに組み込まれているのであり、製粉業者が新たに生産して付け加えたのは、その差額である30万円分でしかない。これを「付加価値」というのである（図6）。

　ここで、単にパンや小麦粉などの財を作ることによってだけ付加価値の生産がおこなわれるのではなく、製品の価格が上ることによっても付加価値は増加するということに注意しなければならない。図6で、全く同じパンが120円で売れたなら、付加価値生産は20％増加する。通常、私たちは財をつくることにのみ注目しがちであるが、それが買い手に評価されてはじめて価値をもち、このような買い手の評価は、単に財の物理的な特性だけではなく、さまざまな情報やコンテンツによっても左右されている。その結果、物理的には同一の財であっても、買い手の評価が高まり価格の上昇があれば、より大きな付加価値をもつことになるのである。

　生産に携わった労働者1人あたりの付加価値生産のことを「労働生産性」という。同一量の生産をおこなうために労働者を減らせば労働生産性は上昇する。また、同じ生産量であっても、価格が上昇すればやはり労働生産性は上昇する。前者を「効率化」といい、後者を「高付加価値化」という。すなわち、労働生産性の向上は、効率化と高付加価値化によって

第5章　食と経済学

もたらされる。

4-2 付加価値の合計──国民所得

　一つの社会の経済の大きさは、付加価値の総額によって測られている。国の場合にはその総額は「国内総生産（GDP：Gross Domestic Products）」と呼ばれている。パンの例でもわかるように、付加価値の合計は、各生産の段階で寄与した人々の所得（収入から、その収入を得るための費用を差し引いたもの）の合計であり、構成員の最終消費の合計でもある。

　食品やサービスの価格と販売量は需要と供給によって決定される。価格と販売量の積が売上額である。また販売量が決まるとその生産に必要な総費用も決定される。売上額から総費用を差し引いたものが付加価値である。付加価値は、利潤、賃金、利子支払、配当などに充てられる。

　消費者が100円のパンを買って自らトーストにして食べれば、100円の生産にしかならないが、パン屋で生産された100円のパンをカフェが仕入れて、250円でメニューに加えたとすれば、この場合、最終財はカフェで販売されたトースト250円となり、新たに150円の付加価値が発生する。この場合、カフェのようなサービス産業の発生が、国内総生産の増加をもたらしている。

5　生産物の選択と機会費用

　何を生産するのかを選択するとき考えなければならないのは、それを生産することによる利益と費用である。だが、「費用」とは何だろうか？　通常、生産の費用とは生産をするために支払ったものと考えがちである。だが、それは正しくない。本節では、合理的な意思決定に必要な「費用」の概念をしっかりと理解しておこう。

89

表1　1kgの生産に必要な時間			表2　機会費用		
	牛肉	ジャガイモ		牛肉の生産に必要なジャガイモ	ジャガイモの生産に必要な牛肉
農家A	60	15	農家A	4	1／4
農家B	20	10	農家B	2	1／2

5-1　機会費用

　あることを選択したとき、その費用は、それを選択したことによって失ったものの最大の価値である。これを「機会費用」という。

　例を用いて考えてみよう。牛肉、ジャガイモをそれぞれ1kgを生産するために必要な労働時間が次のように与えられているとしよう（表1）。

　ここで投入された労働時間を「費用」と考えてしまうと、牛肉、ジャガイモどちらの生産においても農家Aは農家Bに比べて多くの費用を費やすことになるから、農家Bの方が生産性が高いということになってしまう。

　けれども、費用を正しく「機会費用」で捉えると様相は一変する。仮に農家Aはジャガイモしか生産せず、ジャガイモを作らないときは何もしないのであれば「機会費用」はゼロである。だが通常、農家はジャガイモを作らないとすれば牛肉の生産に携わっているはずであると考えると、ジャガイモは牛肉の生産を諦めて、その犠牲のもとで生産されていることになる。これが「機会費用」である。

　たとえば農家Aは牛肉1kgをつくるのに必要な60時間でジャガイモ4kgつくることができる。これは牛肉1kgの生産に必要な機会費用はジャガイモ4kgであることを意味する（表2）。

5-2　交換の利益と分業

　労働時間投入量の表と機会費用の表を見比べてみよう。労働時間投入量

でみると、農家 A は農家 B に比べて、牛肉、ジャガイモどちらの生産においても劣っているように見える。同じものをつくるために投入した労働時間がどちらも多いからである。だから、農家 B は農家 A と分業や協業を進めることで利益を得ることができるとは思えない。

けれども機会費用で比べると、農家 A はジャガイモの生産をより少ない機会費用でおこなえ、農家 B は牛肉の生産をより少ない機会費用でおこなえることがわかる。

実際、農家 A、B ともに 90 時間働くとき、それぞれ孤立して生産しているとき、たとえば、農家 A は 1kg の牛肉と 2kg のジャガイモ、農家 B は 3kg の牛肉と 3kg のジャガイモ、合計 4kg の牛肉と 5kg のジャガイモをつくることができる。だが、農家 A は 75 時間働いて 5kg のジャガイモを作り、農家 B は 80 時間働いて 4kg の牛肉を作り、1kg の牛肉と 3kg のジャガイモを交換すれば、食生活のレベルを全く落とすことなく、農家 A は 15 時間、農家 B は 10 時間の自由時間を得ることができるのである。つまり、協力することによってどちらも得をしているのである。

5-3 生産技術の選択

たとえば農家 A が、牛舎の改築と機械化をおこない、牛肉生産に必要な労働時間を 30 分に減らしたとしたら何が起きるだろうか？　この場合、機会費用は農家 B と全く同じになって交換の利益を得ることができなくなる。農家 B に必要なことは、機会費用の小さいジャガイモ生産の生産性を引き上げる努力なのである。

ただしこれには重要な限定がある。仮に外の世界では、牛肉が極めて高額で取引されているとすれば、農家 A にとってジャガイモに特化した生産をおこなうことは最適ではないかもしれない。また将来的には、ジャガイモの需要が低下していくことが見込まれている場合も同様である。これは市場取引のもつ大きな欠点であるといえる。市場はあくまで、現在の技術

的な条件の下で最適な分配を決めているだけであり、将来の技術的な発展や需要の変化に対応することはできない。

6 食の選択行動

市場のもとで、食の需要をできるだけ「合理的」にするためにはどうすればよいのであろうか？

私たちが使える所得は限られているから、食費を増やすとその他の支出は減らさなければならない。食費を増やして得られる満足感が、その他の支出を減らすことによってもたらされる不満足感を補って余りあるのであれば、食費を増やすことが合理的である。

同様に、一定の食費の中で、たとえばパンへの支出を増やしたければ、コメへの支出を減らす必要がある。支出の総額を減らさずに、パン1枚を増やすためにコメ何グラムを減らさなければならないかは、パンとコメの交換の比率に依存する。これを「限界代替率」という。コメとパンの消費の比率が最適であるためには、この限界代替率がコメとパンの価格の比率に一致している必要がある。

6-1 食選択の特徴

けれども、私たちは常にこのような限界代替率と価格の一致を目指して食生活を送っているようには見えない。それは食の選択には他の商品の選択とは少し異なる特徴があるからである。一つは、食の選択には極めて高頻度の繰り返しおこなう選択を日々強いられることであり、もう一つは、単体の消費財の選択というよりは、組み合わせの選択であることである。

水を飲むか飲まないかから、もう1杯ご飯をおかわりするかどうかまで含めれば、私たちは日々気の遠くなりそうな回数の食選択をしている。こ

れらの全てに経済学が想定するような合理的計算にもとづく意思決定をすることは不可能であるし、望ましいことでもない。他方、食の選択を誤ることは場合によっては生命の危機を直接もたらすことになるから、いい加減な選択は許されない。食選択が極めて文化や習慣（先人の知恵）に依存していることの一つの重要な要因を、これらの相反する要請があったことに求めることができるだろう。

　もう一つの特徴は、食の選択は多数の選択の集まりとしておこなわれる。つまり、食の選択は、複数の食材の組み合わせから、その調理方法、いつ、どこで誰と食べるかといったことの全体の組み合わせで決まる。単に食材などのモノの需要だけではないのである。ここではこのような複数の要因を考慮した選択を「メニューの選択」と呼ぶことができる。通常、消費財は多ければ多いほど満足度を高めると考えられるが、メニューによる選択ではある食材の消費量の増加は必ずしも満足度の増加を意味しないし、場合によってバランスを崩すために満足度の低下をもたらすこともありうる。これは食品価格の決定が極めて複雑な決まり方をしていることを示唆している。

6-2 リスクの評価

　食は直接からだに取り入れるものであるから、その選択を間違えれば場合によっては直接生命に関わることもある。そのため、食の選択にあたっては安全性に対する配慮が極めて重要になる。

　カーネマン（Daniel Kahneman）の『ファスト & スロー』（村井章子訳、早川書房、2012 年）は、個々人のリスクの評価は感情などの主観的要素に依存する事例を多く掲げている。同時に社会全体の決定も、社会全体の雰囲気や感情に支配される。歴史的にも、食に関わる事柄にそれは顕著である。数字による説得はときに強力であるが、社会の説得に失敗した事例も数多い。リスクを人間はどのように感じ、判断するのかは、行動経済学と呼ばれる

分野の主要な研究課題となっている。

7 政策の必要性と失敗

　食は人々の生存や健康に直接かかわり、また社会的公正にもかかわるだけでなく、文化や伝統の継承にもかかわる。それらの目的を市場だけに任せて達成するのは難しく、政府の関与が求められることも多い。だが、政府の政策が期待通りの成果を得ることはやさしくはない。政策が成功するためのいくつかのポイントをまとめておこう。

7-1 インセンティブ

　経済学では人の行動には必ず何か原因があると考える。その原因となるものを「インセンティブ」という。このインセンティブの構造を分析することが経済学の大きな目的の一つであるとも言える。

　たとえば、農家の生産効率を上げるために、機械化を進める補助金を出すことを考えてみよう。この場合補助金は農家のインセンティブになるが、農家が生産効率を上げるためにどうすれば良いのかを主体的に考えない場合には、補助金を得るためだけに農機具の導入をするかもしれない。もっとはなはだしい場合には、実は効率化にはあまり役に立たないことがわかっていても補助金をもらうためだけに農機器を購入することが、農家にとっては合理的になる。

　政策によってもたらされるインセンティブの構造をしっかり考えないと予期しない副次効果が表れるのである。

第5章　食と経済学

7-2　相互依存性

　食材は代替関係にあるものが多く、その相互依存関係は極めて複雑である。たとえば以下のような事例を考えてみよう。

- 石油の代替品として穀物アルコール導入を推進したため、原材料トウモロコシ価格が暴騰し、トウモロコシを飼料としていた畜産農家の倒産が相次ぎ、バターなどの乳製品の価格が暴騰した。
- 大型スーパーによる種類の安売りから酒類の小売店を護るため、酒類の値下げを禁止したところ、一般小売店の売上は増えずに、コンビニの売上だけが増えた。

　これらは、市場による価格による調整は、その商品の価格だけではなく他の商品の価格の相対的な関係で決定されることを見過ごしたために生じたものである。

7-3　情報の非対称性

　食は直接体に取り入れるものであるから、その安全性には特に気を配る必要がある。けれども、産地や成分については消費者が見ただけではわからないことが多い。他方、生産者は自らが販売するものがどのような性質をもっているのかについては熟知している。このように商品の特性にについて売り手と買い手に情報の格差があり非対称である場合には市場による取引はうまく機能しないことが知られている。

　このような情報の非対称性がある場合には、政府が商品の特性について規制したり、あるいは認証を与えたりすることによって市場取引の補完をすることが有益となる場合もある。

95

7-4 政府の失敗

　政府の役割は市場の失敗を補完することである。だが、常に政府がそれに成功するわけではない。政府の政策を担う人々には、それ自身のインセンティブがあり、それは必ずしも社会の利益と一致するわけではない。また政治家や官僚には、政策の結果に対する個人的な責任を負う仕組みが十分に形成されているわけではないので、長期的な最適化に失敗するという指摘もなされている。

　一見、社会全体のためになる政策のようでも、実はそれに関わる一部の人々や組織の利益のための政策なのではないかを監視する仕組みづくりが求められる。

より深く学びたい人のために

坂井豊貴『ミクロ経済学入門の入門』岩波新書、2017年。

鶴見良行『バナナと日本人——フィリピン農園と食卓のあいだ』岩波新書、1982年。

藻谷浩介『里山資本主義——日本経済は「安心の原理」で動く』角川oneテーマ21　　　新書、2013年。

山下東子『魚の経済学——市場メカニズムの活用で資源を護る（第2版）』日本評論　　　社、2012年。

カーネマン、ダニエル『ファスト＆スロー（上・下）』早川書房、2014年。

クルーグマン、ポール『クルーグマン教授の経済入門』ちくま学芸文庫、2009年。

スティグリッツ、ジョセフ・E『入門経済学』東洋経済新報社、1999年。

スミス、アダム『国富論（上・下）』日本経済新聞出版社、2007年。

マンキュー、N・グレゴリー『経済学ミクロ編』東洋経済新報社、2000年。

Column

コラム 食に関わる産業とは？

食に関わる経済学の命題で最も知られているものの一つに「エンゲル法則」がある。家計の消費支出で飲食費（外食を含む）の占める割合を「エンゲル係数」というが、生活水準の向上に伴いエンゲル係数が低下するというのがエンゲル（Ernst Engel）の主張であった。

わが国の月別のエンゲル係数の推移を図に示した。2015年以降上昇の傾向がみられるものの、係数は20〜25％程度で安定的に推移している。また、エンゲル係数は月ごとの変化が大きいことも見て取れる。

この係数が大きいと見るかどうか、あるいは食への支出が安定的で法則性があると見るかはより詳しい統計学的な吟味が必要である。

ここで注意したいのは、これが食に関わる支出のすべてを表しているわけではないことである。たとえば、グルメ雑誌への支出は含まれていないし、レストランを探すために利用したインターネット利用料も含まれていない。食事はさまざまな理由でおこなわれる。食への支出は食材を得ることが目的ではないこともある。場合によっては仕事の疲れを癒すためにカフェで一服するのが目的で、本当はコーヒーがなくてもよいこともあるかもしれない。これは、食関連産業とは何か？　を考えるう

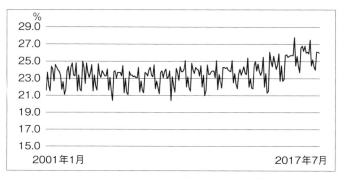

コラム図　わが国の月別のエンゲル係数
注：2人以上世帯。

Column

えで重要な問題を提起している。たとえば、農村地域で自然体験や飲食を楽しむアグリ・ツーリズムという分野があるが、これは一体、何産業というべきなのだろうか？

　似たような事例は他にも見い出すことができる。本の出版は、出版業であり、印刷業や製紙産業とは区別される。だが美術出版のように、印刷技術や紙の品質が本の価値に直結する場合もあるだろう。さらには電子出版も普及している。だからと言って、これらを、印刷業や製紙業、あるいは情報サービス産業に分類することには違和感がある。さて、アグリ・ツーリズムは、農業の派生形なのか、あるいは観光業からの新たな展開なのか？　これは「食」の未来を見通すうえでも重要な論点である。

第 **6** 章

食と経営学
食を支えるマネジメントシステム

キーワード
食ビジネス
●
サービス工学
●
生産管理
●
人的資源管理
●
時間と価値
●
管理会計
●
サービス・ マーケティング

この章で学ぶこと

　「食ビジネスは、経営学の一対象領域ではないか？」——近代以降、経済学はあらゆる産業分野を網羅する一般理論の構築を試み、その成果は経営学を含む社会科学全般に蓄積されてきた。当然、食ビジネスも経営学の 1 対象であり、食ビジネスの経営学が独立して存在するわけではない。一方、経済社会の複雑化・高度化が進展したため、全ての分野を普遍的に説明できる一般理論の深化とともに、特定分野を深く理解するための理論構築が求められている。特に「医食同源」の言葉にあるように、食は人間の根源的活動であり、その社会的意義は極めて高い。

　本章では、食ビジネスを対象とした経営学に求められる学問体系の輪郭を示すとともに、近接する自然科学・人文科学の知見をどのように適用するかについて概説する。あわせて、経営学の主要分野である経営科学・経営工学・生産管理・会計・人的資源管理・マーケティング領域における研究の着眼点を、事例とともに示す。

1 食の経営史

　人類にとって食は最も根源的な活動であるため、人類の歴史とともに食の歴史があったということができる。しかし、初期の食は生命維持を目的とした栄養摂取行為であった。それが人類の発展とともに「食」になり、次いで加工技術の高度化に伴って「料理」がうまれ、さらに人間の創造性が加わって「食文化」へと発展していった。その後、人間の経済活動と結びついて食は経営や経済活動の対象物へと進化していく。ここでは、人類の歴史とともに食がどのように変遷を遂げたかについて学ぶ。

1-1 食ビジネスの成立

　「衣食住」という言葉があるように、食は人間の生活と切り離せない要素である。文明社会成立以前の人類にとって、食は第一義的には家庭内食であり、次いで近隣住人との交流の場であった。つまり、この時点において食住は一致していたといえる。

　農耕技術の発達に伴い、より効率的な食物生産を目指した人類は、集落を形成して労働力を集約するとともに、熟成や乾燥などの保存技術を次第に修得し、自らの消費に必要な食材以外の余剰生産物を在庫できるようになった。その結果、余剰生産物の交換が可能になり、交換経済が村落内で、次いで村落間で形成されるようになった。この時点で、食は経済学の対象になったといえるが、食を通じたビジネスが成立していたわけではなかったため、経営学の対象ではなかった。

　食ビジネスの成立は、人類の移動の歴史とともに形成・発達していく。集落は徐々に巨大化して原始国家が成立し、軍事や徴税のために人々が居住地を離れる必要が生じるようになった。また、宗教の成立と普及により、人類は巡礼という習慣を確立していった。その結果、村落を移動する交通手段、道路や橋を構築する建設技術が発達するとともに、住居を離れた人

間の飲食・宿泊施設が必要になった。つまり、食住分離が食ビジネス成立のきっかけになったわけである。restaurant（食堂）がrest（休息）という語から派生したのは、こういった歴史的背景がある。食住分離は、宿泊業・交通機関・旅行業などのビジネスが形成、発展する端緒となった。

国家の成立は階級社会の形成を促進し、貴族など特権階級に食サービスを提供する職業調理人が出現した。彼らの出現により、日常食とは異なる専門料理技術や食事様式が発達し、冠婚葬祭業の基盤となっていった。中世に入り、富の源泉が土地から資本・生産手段へと徐々に移行していく過程で、職業料理人は経済力が低下した貴族階級の庇護を失っていった。一方、相対的に経済力をつけた資本家・商人階級は、儀礼としての食ではなく、音楽や芸術を楽しむのと同様、レジャー手段として食を求めるようになった。その結果、美食学とも訳されるガストロノミー（Gastronomy）が発達するとともに、高級レストランやケータリングといった流通加工業が形成され、ワイナリーや酪農、農業の担い手によって生産技術が高度化した。

近世に入り、近代国家の成立に伴い大都市が形成され、地方の農業者が都市流入して労働者階級を形成する。居住地からの通勤、または住み込みで労働する彼らに対し、日常食としての食事を提供する事業者が多数出現する。例えば、日本では大阪・江戸の都市建設に伴い、建設資材としての砂を備蓄・運搬する労働者に食事を提供する麺類店（例：江戸期に創業したそばの老舗「砂場」）などが集積した。食住分離によって発生した食ビジネスは、食住近接の環境下にも浸透していった。

1-2 産業革命と食ビジネス

産業革命は、繊維・航空機産業・自動車など多様な製造業を生み出したほか、食品製造業の基盤を形成していった。携行食、保存食として開発された缶詰や瓶詰食品は、工場生産しやすいという特性を持っていたため、食品製造業が勃興する技術的背景となっていった。また、自動車技術の応用

によって農耕機器が、船舶技術の応用によって漁船が開発され、農林水産業の産業化がすすんだ。さらに、鉄道網や航路、次いで空路の整備は食品の大量輸送を実現し、食品流通業や食品商社が発展する社会基盤となった。

19世紀に入り、所得が向上した中産階級の消費力は、小売分野における食ビジネスを発達させる源泉となる。19世紀中ごろ、比較的裕福な市民の買い物ニーズを満たすために百貨店が欧米で出現するとともに、比較的低所得の市民に安く食品を提供するシステムとしてチェーンストアが開発され、のちにスーパーマーケットやコンビニエンスストアへと発展していく。チェーンストアシステムは小売のみならず飲食分野にも展開され、ファストフードやファミリーレストランなど、企業化された業態が生み出されていった。

20世紀後半から21世紀にかけて起きたIT革命は、食の情報化を促進するとともに、新たなビジネスモデルを創出した。消費者の飲食体験記やレシピをデータベース化して情報提供する食情報産業、食材生産者と小売業者のオンライン取引を可能にする食インフラ産業、POSシステムや店舗マネジメントアプリケーションを提供する食IT産業が次々と発生してきた。また、従来個人の勘と経験に依存していた農耕へのIoT（Internet of Things）導入、長年の習熟を必要とした調理技能のロボット化など、野心的な挑戦がすでに始まっている。

2 食ビジネスと経営学

食は一次・二次・三次産業全般に展開されるビジネス領域であり、産業として裾野は広い。農林水産省は2020年の世界における食マーケットの規模を680兆円と推計しており、グローバルマーケットとしてさらなる拡大が期待できる。一方、食ビジネスといえども、あくまでのビジネスの一領域であり、既存の経営学で十分に対応できるとも考えられる。果たして、

第 6 章　食と経営学

食ビジネス固有の経営学が必要なのか？という疑問もわいてこよう。本節では、食を対象とした経営学の必要性について概説する。

2-1　事象の複雑化による経営学の分化

　当然、食ビジネスも経営学の対象であり、食ビジネス経営学は経営学に内包されるものである。しかし、社会の高度化・複雑化に伴い、学問領域もより細分化・専門化される潮流はあらゆる分野でおきている。かつて、エンジニアリングに関する研究領域を「工学」と総称していたが、その領域は現在かなり細分化していることは周知の事実である。例えば、1980 年時点において、工領域の学位は「工学博士」と総称されていたが、2017 年時点において「工学」という語を含む博士号だけで 10 程度存在している。経営学分野においてもその細分化は進んでおり、例えば「医療経営」「NPO 経営」などの分野がすでに確立されている。食産業はビジネス領域の重要なセクターであり、その特性を反映した経営学の確立は実務的要請・研究深化の両面から急務である。本節では、食ビジネスを対象とした経営学の輪郭を示す。

2-2　食ビジネスの特性

　食を対象とした経営学の概要を理解するには、まず食ビジネスと他のビジネスとの相違点について理解する必要がある。食企業の目的も、持続的競争優位の確立であり、ROA（Return on Asset：総資産利益率）の向上であり、人的資源の効果的活用である。目的といった視点では、既存の経営学と大きな差異はないと考えられる。しかし、ビジネスの対象である「食」自身に大きな特性が存在する。

　第一の特性は「人間の体内に直接作用し、生命維持の根源に関わる産業」であるということである。人間の社会生活に必要な基本要素を「衣食住」と

103

表現するが、「食」のみが生命維持の必要条件である。「衣」「住」も人間の生活の質的向上にきわめて重要であるが、生命維持と直接的因果関係は相対的に薄い。ゆえに、健康・衛生・疾病など、生命科学と密接な関係が求められる分野である。食科学がなぜ学際的研究領域であるべきか、という背景がここに存在する。

　第二の特性は「品質と時間の関係」である。どのビジネスが扱う製品であっても、製品の経時劣化が起きるが、食ビジネスの対象である食物の経時劣化は極めて速い。例えば農産物や水産物は数日単位、場合によっては1日単位で（ある価格帯における）商品価値がなくなる。さらに、飲食店の場合、例えば寿司をスーパーマーケットで販売するときの品質保持期限は12時間程度であるが、高級店の場合は調理完成後数分でその商品価値を喪失する。しかし、食品は時間経過とともに劣化する一方、時間とともに品質が良化するという特性も併せ持つ。例えば、ワインは時がたつにつれて熟成が進むため、時間経過とともに商品価値が向上する。また、いわゆる「早寿司」（酢飯を用いた寿司）は時間経過とともに劣化するが、「なれ寿司」（乳酸発酵させた寿司）は熟成とともに旨みが増していく。たしかに工業製品においてもヴィンテージは存在するが、それは当該製品の価値を理解する消費者にとっての主観価値や希少価値であり、製品自体の品質が向上するわけではない。ゆえに、食ビジネスの経営学には時間と品質とが大きな影響を及ぼすため、その特性をとらえた理論の確立が必要である。

　第三の特性は「ヒューマンファクター（人的要因）」である。薬品・衣料品・コンピュータのように、工場生産される製品の品質はおおむね均一であるが、食品の場合、製造者の技能によってその品質は大きく変化する場合が多い。当然、食品であっても工場生産された飲料・レトルト食品・冷凍食材の場合、同一製品であれば品質はおおむね均質化されているが、製販一体型食ビジネス、たとえば百貨店、スーパーマーケットなどのように販売現場で食品を製造する場合、マニュファクチャー的生産システムであるため、その品質は従業員の技能で規定される。さらに、ホテルやレストラン

第6章　食と経営学

のようにサービスを伴う場合、その品質は料理の物理品質だけではなく、従業員のホスピタリティーといった人的側面、さらには同席する顧客といった環境要素に起因する知覚品質によってその価値は大きく変化する。ゆえに、食ビジネスでは人的資源が製品やサービスの価値そのものであり、そのマネジメントは食ビジネスの経営学において中核的要件である。

3　食経営学で求められる理論体系

すでに述べたように、食ビジネスも経営学の1領域であり、既存の経営学で必要かつ十分な分野も存在する。例えば、自社の事業領域を定義する際の要素、すなわち顧客（Customer）、機能（Function）技術（Technology）には、食ビジネス固有の特性は特段の影響を与えるわけではないし、ROI（Return on Investment：投資利益率）やEPS（Earns per Share：1株あたり利益）といった財務分析の公式に食品の品質変化要因が影響するわけではない。そういった意味では、経営学の全分野で固有の理論や知見が求められるわけではなく、食ビジネスの特性が大きく経営に関わってくる分野に関して、あらたな研究や理論構築が求められているということができる。本節では、前節で論じた食ビジネスの特性に沿って、食経営学で求められる理論体系について概説する。

3-1 「生命・身体と食」の経営学

●食経営科学

「医食同源」——医療と食の共通項は、ともに人間の生命を維持するとともに、より健康で快適な生活を実現するという目的である。医療は病気というマイナスを解消する行為が、食は健康増進、豊かな生活実現というプラスを増進する行為が主であるが、医食ともに両方の目的をあわせ持って

105

いる。ゆえに、食経営学においても、生命維持や安全管理を目的とした研究領域、およびクオリティー・オブ・ライフ（生活の質）の向上を図る研究領域が必要である。

　食と生命維持や安全管理に関する研究や技術開発は、人類が食を扱う歴史の中で長く実践され、医学・化学・栄養学などの自然科学分野における知見の集積がおこなわれてきた。例えばワインの熟成過程におけるバクテリアや細菌繁殖を防止するため、熟成用の壺の中で硫黄を燃焼させて亜硫酸を生成する技術はすでに 2000 年以上前に開発されている。また、近年の宇宙開発に伴い、医療サービスを受けることが困難な宇宙空間における食中毒や異物混入事故を防止するため、高度の食生産管理基準である HACCP (Hazard Analysis and Critical Control Point) が開発されてきた。自然科学の領域で蓄積されてきた知見は、あくまで物理的作用に関する研究であり、消費者心理、企業収益などといった社会科学的観点を合わせて統合的に研究されてきたわけではない。

　近年、医療分野においても、外科手術は病気の根源部分を除去するといった物理的治療のみならず、手術の痕跡を可能な限り除去し、手術前の機能や外見を可能な限り復元することで、術後の生活を快適に過ごすことを実現する医療技術が求められるようになった。同様に、食ビジネスにおいても、食の安全管理や生命維持機能といった自然科学分野の知見に加え、消費者が安心して消費するとともに、企業の持続的成長や収益性に寄与する経営学的要素を統合させなければならない。例えば缶詰は、食品の保存技術として広く普及している。缶詰食品は長期保存するほど熟成が進むため、旨みなどの物理品質は増すが、一般的に消費者は、時間経過を経時劣化と認識するため、知覚品質は逓減する。

　このギャップを埋めるため、食企業は自然科学の知見を供給側の改善（品質向上）のみに適用するのではなく、市場とのコミュニケーション、顧客と企業との情報非対称の解消、適切なマーケティングなど、需要者側に対する働きかけにも活用する必要がある。サービス・マーケティングに立脚し

た食マーケティング論、心理学や認知科学に立脚した食コミュニケーション論などの確立が求められる。前者がフードテクノロジー、後者はフードマネジメント領域の問題であり、これらの問題を別個に扱うのではなく、食経営学の対象として統合的に取り扱われるべきである。

●食サービスの経営工学

　食ビジネスも広くは製造業の一翼を担うビジネスであり、食がサービスと一体になって提供される場合、サービス産業に内包される分野である。そのプロセスは人・機械・設備・システムによって設計・運用されるため、食のバリューチェーンも経営学同様、情報工学や生産工学といった、モノや生産プロセスを対象とした工学分野の一対象として扱われるべきである。

　しかし、食ビジネスは、多くの場合食品の生産と提供が同じ企業でおこなわれることが多いため、製造業・サービス業双方の特性をあわせ持つ。ゆえに、人間工学・感性工学などの人間を対象とした工学分野の知見をあわせて適用するべきであるし、食品に対する消費者の評価は人によって変化するため、その価値設計は栄養学、調理科学といった定量的側面のみによる設計のみならず、デザイン工学や価値工学といった定性的な側面を扱う工学分野もあわせて適用する必要がある。すなわち、食ビジネス分野においては生産プロセス、人間やデザインを対象とする工学分野の知見を統合・再構成して適用する必要がある。

　図1に、食ビジネスを構成する産業分野の例を、価格を縦軸、生産プロセスを横軸に記述した関連図を示す。一般的傾向として、規格化された商品の大量生産モデルは低価格、低付加価値であり、カスタマイズされた、手作り感の高い商品の少量生産モデルは高価格、高付加価値である。価格と価値は負の一次関数のような配列になり、その軸線上で各産業はトレードオフの関係が成立している。各企業は、このトレードオフの関係を打破し、パレートフロントを最適解により近づけるために自社の生産システムやバリューチェーンの改善を試みるのである。

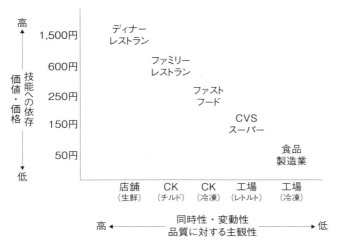

図1 食ビジネスと価値、生産システムの関係
出所：筆者作成。

　最適化の過程において、付加価値を向上させたい場合は顧客ニーズに適応したカスタマイズや商品のデザイン力向上などに関する分野の知見を動員するであろうし、効率向上を実現したい場合は生産プロセスの最適化やインダストリアル・エンジニアリング（Industrial Engineering）、オペレーションズ・リサーチ（Operations Research）などの知見を動員するであろう。つまり、最適解に近づく方法論は付加価値向上、または効率化の2方向であり、生産性向上のためのアプローチということができる。すでに、食ビジネスを含むサービス産業の生産性向上を目的としてサービス工学分野の研究が20世紀末からすすめられ、食ビジネス領域への適用も試行されている。「食分野のサービス経営工学」として確立される日も遠くないであろう。

3-2 「時間と価値」の経営学

●食の生産管理

　食経営学のユニークさは、この「時間の概念」であろう。例えば車の場合、

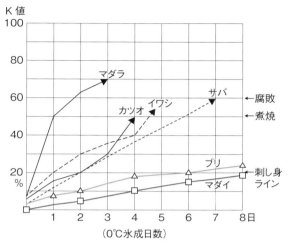

図2　魚種別の時間経過とK値の関係
出所：新村猛・赤松幹之「飲食店加工商品の味と調理プロセスの最適化」『人間工学』46巻3号、2010年、208〜214頁より。

品質の経時劣化は極めて緩慢である。商品価値は時間以外の概念、たとえばモデルチェンジなどによっていわゆる「型落ち」商品となることによって毀損するものの、物理品質、例えば耐久性や走行能力に大きな変化はない。また、車種によっては時間経過とともにヴィンテージ化し、市場価値が向上することがあるが、車の性能は時間経過とともに劣化する。つまり、有形財としての物理品質は時間経過とともに劣化するのが一般的である。

一方、食の物理品質は、経時劣化する場合もあるが、時間経過とともに向上する場合も多い。例えば鮮魚の場合、水揚げされた瞬間の魚肉に含まれるイノシン酸は微量であるため、いわゆる「旨み」は少なく、加工用食品素材としての価値が高いわけではない。魚の死後、筋活動エネルギーであるATP（アデノシン三リン酸）の供給が止まって死後硬直が起こり、その後ATP崩壊とともに死後硬直が緩む一方、イノシン酸の合成が始まって熟成が始まる。魚の旨み成分の指標であるK値と時間経過の関係を図2に示す。図2をみると、K値が低い場合は生鮮食品、高い場合は加工食品の原材料として適していることが確認できる。つまり、魚にとって時間経過は品質

向上・劣化双方の要因となるのである。この特性を用いて加工工程と熟成時間の最適化を図ることで、製造原価の最小化と品質の最大化の双方を実現することが可能になる。

例えばサバの加工食品を作る場合、漁港で水揚げしたサバを下処理後に氷温冷蔵し、K値が50に上昇する6日間を活用して、流通経費・加工費・技術などの側面で検討された、最適プロセスで加工することで、製造原価と品質の最適化を図ることができる。当然、実現場における加工工程は複雑であるため、加工工程を分散させるのか、一括するのか、素材を単一製品、複数製品いずれに適用するのかなどを検討しなければならない。つまり、食品の場合、時間経過による品質変動（熟成／劣化）が非常に激しいため、時間の概念を中心軸にした生産管理システムの確立が、商品の品質向上や競争優位確立にとって非常に重要な要件となる。

●食の管理会計

企業経営にとって、コスト管理は重要な要因であり、適切な原価管理は価格設定・設備投資・オペレーションマネジメントなどさまざまな分野に影響を及ぼす。そのため、経営学分野では長年にわたって管理会計を研究してきた。たとえば原材料の在庫評価をおこなう場合、業種や原材料の種別に最終仕入原価法・先入先出法・総平均法など、7種類の評価法が存在する。企業は、製品特性や原価管理の簡便さ・正確性などを総合的に勘案して評価法を選定する。

食ビジネスの場合、食材の原価計算はどのような計算方法でおこなわれるべきであろうか？マグロを例にとって考察したい。マグロは原体が100kgを超える大きな魚であるため、可食部分を大トロ・中トロ・赤身など、複数の部位に分けて販売するが、トロと呼称される部位の範囲や品質は時間経過とともに大きく変化する（図3-1、3-2）。図3-1は水揚げ後2日目、図3-2は4日目の写真であるが、トロの範囲が大きく変化していることが確認できる。つまり、時間経過とともに、トロの部位の範囲、油の含有量、身

第 6 章　食と経営学

図3-1　水揚げ2日経過後のマグロ　　図3-2　水揚げ4日経過後のマグロ
出所：筆者撮影。

質や歯ごたえ、香りが変化していくのである。仮に原体100kg、可食部分55kgのマグロからとれるトロ、中トロ、赤身の原価は、どの時点でどのように計算されるべきであろうか？　製造業の場合、棚卸資産の性質は時間の経過とともに大きな変化をすることはないが、食材の場合、数日間、場合によっては1日で性質が大きく変わるため、在庫期間中の時間経過に伴う品質の良化、劣化双方を加味した価格評価法が必要になってくる。

中トロの原価＝原体価格÷歩留率（1）
×d日経過後の中トロの体積÷可食部分の体積（2）
×d日経過後の価値（±）（3）

(1) は通常の原価計算と同じ計算方で求められるが、(2) は時間経過に伴う中トロの構成の変化を考慮に入れなければならない。その際、中トロ比率の変化は保存環境・温度・上身の向きなどによって異なるため、原価計算対象の食材の経時変化の計測をもとに求められなければならない。また、(3) は、食材の価値評価基準の相違を考慮に入れる必要があるため、国や地域性といった概念を加味する必要がある。例えば魚の場合、一般的に関東地方では熟成させた身を、関西地方では活け締め後の高鮮度の身を高品質の魚と評価する傾向にある。この傾向を仮にこの式に代入する場合、3日経過後の価値係数は関東地方では1.0を超える値を、関西地方では1.0未満の

111

値を代入する必要がある。

3-3 「食とヒューマンファクター」の経営学

●食技能者のヒューマン・リソース・マネジメント

　食は人間の味覚を対象とした財であり、その価値であるおいしさは消費者の主観によって評価される。一方、供給側においても商品企画や開発といった価値設計過程で人が食品の価値を評価し、製造や調理といった価値実現過程においても人が創造された価値を確認する。つまり、食品の生産過程、消費過程における人の評価が非常に大きなウエイトを占める。

　図4は、食産業における商品化過程を、食ビジネスの形態ごとに生産方法の種別と生産の同時性との関係に着目して記述したものである。商品化過程の輪が外側にあるほど食の生産と消費の同時性が低く、内側にあるほど同時性が高い。生産と消費の同時性が高いほど、その品質は食品の生産者の技能、消費者の主観評価への依存が大きくなり、同時性が低いほど、その品質は生産者技術への依存度が下がり、品質評価の客観性が増す傾向がある。例えば、食品製造業のレトルトカレーやアイスクリーム、ウーロン茶の品質は均一化されており、消費者側の評価も（好みという傾向はあるにせよ）比較的均一化される。しかし、ディナーレストランのステーキや寿司、カレーの品質は店員の技能によって左右され、消費者の評価も人によって千差万別である。つまり、生産と消費の同時性が低い場合は有形財、高い場合はサービス財の特性が顕著に表れる傾向にあるといえる。

　生産と消費の同時性が高いビジネスモデルの場合、品質決定要因は食サービス提供現場の従業員に依存するため、教育訓練やインセンティブ、組織開発などの諸制度はサービス現場における価値向上を図るために設計・運用されなければならない。例えばディナーレストランにおけるトップシェフの職階上の格付けは、食品製造業における技師長と同一とは限らない。また、ディナーレストランにおける教育訓練費用は食品製造業における設

第6章　食と経営学

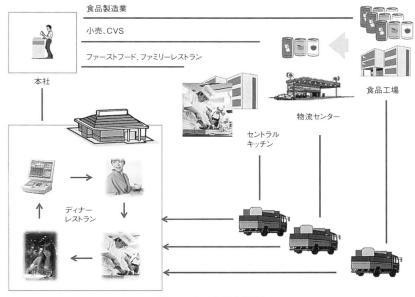

図4　食の商品化過程
出所：筆者作成。

備投資類似のものであり、教育への分配率は食品製造業よりも高く設定されなければならない。加えて、人事考課を設計する際、一般的にテクニカルスキルの比重はロワーマネジメントほど高く、ミドル、トップマネジメントとマネジメント階層が上位になるほど低く設計されるが、ディナーレストランの場合、サービス提供現場に属する従業員は上位階層のマネジメント職であってもテクニカルスキルの評価ウエイトは高く設計されなければならない。つまり、組織や人への技能蓄積が当該企業の価値決定要因であるため、評価や処遇といった人事制度設計（ヒューマン・リソース・マネジメント）に当該特性を反映させる必要がある。

●食マーケティング・食人文科学

食は生命維持や健康といった生理的側面だけではなく、おいしさ・楽しさ・

113

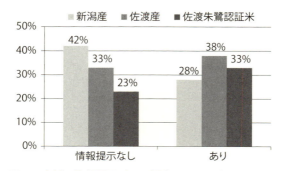

図5 食材の情報提示がある場合とない場合の選択行動
出所:「食品価値に対する消費者と提供者の間の乖離の縮小方法に関する経済実験研究」、2014年より。

雰囲気といった要素が経営にとって大きな意味を持つ。例えば、ボルドーのワインがフランス市場に流通する価格よりも、日本国内で流通する価格への方が高いが、それは単に輸送・保険・保管コストの付加だけではなく、日本におけるボルドー産ワインへのプレミアムが付加されている。さらに、ワインの価格は川上から川下、すなわち卸売→リカーショップ→ワインバーの手に渡るたびに価格が上昇する。流通の各工程において、ヴィンテージに関する情報、店舗の内装などの空間、グラスなどの備品、ソムリエの知恵と表現力、ワインを扱うスキルなど、さまざまな付加価値を加えることで、ワインの価値は本来価値の何倍、場合によっては何十倍に高まっていくのである。

　定量的な品質や価格に対する消費者の知覚は線形ではない。1,000円のワインと2,000円のワインを試飲して、消費者は果たして「2倍おいしい」と知覚できるであろうか？　ブランドを伏せ、官能のみを頼りに品質と価格の評価を実施した場合と、ブランド・産地・製法・コーデュネーションといった情報提示を受けた場合の評価は大きく変化する。

　図5は、3種類の米を試食する際、コメの産地や農法などに関する情報を提示した場合と提示しない場合における消費者の選択（どの米が一番おいしいか）に関する実験結果であるが、情報提示のある場合とない場合におけ

る消費者の選択行動は大きく変化していることが確認できる。その背景には、例えば米に対する消費者の地理的知見（新潟は米どころ）や文化的背景（朱鷺－「とき」に対するイメージ）、さらには米という単語自体に対する印象や知識などが総合されて、コメに対する品質評価や選択行動を形成させるしくみが存在する。食の付加価値は物理的、科学的な面で形成されるだけでなく、人間の認知・語彙・表現・歴史・地理などの要素が大きく影響を及ぼす。つまり、前者がフードテクノロジー、後者はフードカルチャーの要素であり、これらを包含して食経営学が構築される必要がある。

より深く学びたい人のために

井出正介・高橋文郎『経営財務入門』日本経済新聞出版社、2009年。

ウォルク、ロバート『料理の科学』シリーズ、ハーパー保子（訳）、楽工社、2012〜2014年。

北島宗雄・内藤耕（編）『消費者行動の科学』東京電機大学出版局、2010年。

新村猛『よくわかる中小企業リーダー向けMBA総論』コミニケ出版、2012年。

高橋俊介『ヒューマン・リソース・マネジメント』ダイヤモンド社、2004年。

内藤耕（編）『サービス工学入門』東京大学出版会、2009年。

ラブロック、クリストファー『ラブロック＆ウィルツのサービス・マーケティング』武田玲子（訳）、ピアソン・エデュケーション、2008年。

Column

コラム　医食同源に向けて

古くから「医食同源」といわれるように、食は人間の生命維持にとって根源的な役割を果たす。食を扱う研究領域も医学同様、高い水準が求められているが、食ビジネス領域の研究は21世紀に至って本格化した領域であり、学問的な深耕は喫緊の課題となっている。食は農学や栄養学、医学といった自然科学分野、歴史や地理といった人文科学分野と密接にかかわっているため、食経営学を確立させるためには学際的な学習、研究をおこなう必要がある。

　日本における食産業の状況は二極化傾向にある。製造業系の企業がグローバル戦略を採用し、規模の経済を実現しつつある一方、サービス系の企業が海外進出に成功した事例は少なく、むしろ一流シェフが自らの技能で海外展開する成功例の方が多い。これは、製造業が物理品質を扱うために価値を規格化しやすい一方、サービス業は国ごとに違う文化や風習、嗜好や産物といった知覚品質を扱うことに起因する困難さがあるということがいえる。まさに食経営学が学際性を必要とする所以である。本章で示した食経営学の輪郭は、あくまで概論に過ぎないため、本領域の学習、研究を志す人は幅広い知識を修得し、見聞を広めてほしい。

　筆者がかつてハーバード大学ケネディースクールの教授陣とシンポジウムを開催した際、彼らが食を農業問題や経済問題としてのみとらえるのではなく、国家安全保障問題としても認識していたことに感銘を受けた。食を国家の根幹問題として認識し、政治学領域においても深い議論を重ねていることに、同大学の研究の厚みを感じた。自分の専門領域を深めるということは、専門領域の関わるすべての事象に目を光らせるという姿勢が重要であろう。本書は人文科学、社会科学、自然科学の視点を網羅して食を扱っている。本書を一読した後、さらに見聞を広め、自らの手で食科学を確立してほしい。

第3部

フードテクノロジー
Food Technology

農学分野では、食品の機能は1次機能（栄養特性）、2次機能（嗜好特性）、3次機能（生理調整）に分類されています。また、育種・生産・流通・加工・調理技術の発展により、食味・鮮度・安全性・生産量などがめざましく改善しています。心理学や認知科学的な視点からの食研究も、さかんになりつつあります。

これまで文化や経済・経営の側面から食の理解をすすめましたが、ここでは自然科学および工学的側面から食を概観してみましょう。

第**7**章

食のこころへの働き
おいしさ、まずさを感じるメカニズム

キーワード
心理学
●
味覚と嗅覚
●
五感
●
感情
●
学習
●
古典的条件づけ
●
ブランド効果
●
フードファディズム

この章で学ぶこと

　「食物のおいしさはどのように感じるんだろう？」

　そのように問うと「舌で感じる」というように答える人が多いだろう。しかし、決してそれだけではない。たとえば、私たちは雑誌、テレビやインターネットで食品の画像や動画を閲覧しているが、それを見ておいしそうだ、と感じているだろう。食品の味わいには味覚・嗅覚にとどまらず、視聴覚、触覚、内臓感覚などあらゆる感覚が関与している。また、おいしいと感じるものは人によってさまざまだ。これには文化や学習が影響しているが、その多くは学習に依存している。食について人間がどのような学習をしているか、その学習のメカニズムも大切な知識だ。

　さらに、過食や拒食、安全性の認識など、食に関わる問題に人が関与する以上、食と心の接点は無数に存在する。この章ではこうした食と心の間の関係の多様性を理解して欲しい。

119

1 食とこころの関係を見直す

同じ食品でも、おいしいと感じるかどうかは人それぞれであり、同じ人でも状況によって変わってしまう。つまり全ての人間があるものを食べると必ずおいしいと思うような食品は存在しない。「おいしさ」とは何かと考えたとき、人間が食品を味わったときに生じる感情であると考える方が妥当だろう。そのように考えると、食品に感じる感情や食行動は、人間の心のメカニズムを明らかにしようとする学際的な科学である心理学の視点から理解しようとすることが有効である。

2 食と感覚・知覚

食を感じるには、五感からの情報が不可欠であり、それらの生理メカニズムと認知メカニズムが絡み合って食の認識が形成される。この章では味嗅覚については感覚システムについて説明し、その後、他の感覚からの情報処理について概観する。

2-1 味覚と嗅覚

和英辞典で「味覚」を調べてみると、「gustation」だけではなく、「taste sense」という訳もあることがわかる。この両者は学術的には異なる意味を持つ。前者は、口の中、特に舌に分布する乳頭にある味蕾に受容体があり、味覚神経でその方法が中枢神経系に伝えられるもの、後者は味蕾以外の口腔内の化学物質に対する感覚も含む。「辛味は味覚ではなく、痛みだ」という話は聞いたことがある読者もいると思うが、これは辛味も口腔内で食品の特性として感じる化学感覚であり、taste sense には含まれるが gustation ではない、という意味であろう。この章では、gustation を味覚、taste

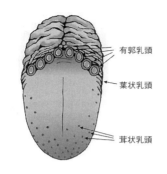

図1 舌における（舌）乳頭の分布
乳頭には、味蕾が存在する。
出所：日下部裕子氏作成。

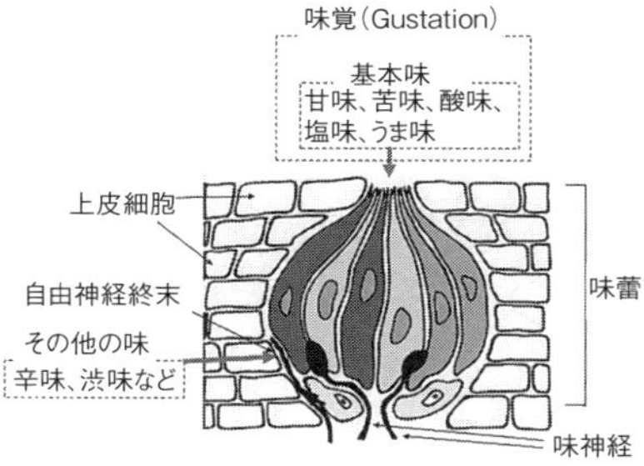

図2 味蕾と自由神経終末
出所：日下部裕子氏作成。

sense を味、と言い分けて両者について説明する。

　舌の乳頭には味覚を感じる器官である味蕾が存在する（図1）。その先には複数の味覚受容体が含まれる（図2）。受容体は化学物質を検出するセンサーのような役割を果たす。一つひとつの受容体は、私たちが経験する味の質に対応する。そのなかでも主なものは甘味、塩味、苦味、酸味、うま味の5つの基本味である。ここでいううま味は、いわゆるうま味調味料に感じる味であり、おいしい、という意味ではない。基本味は、明確に私たちが区別できる味質であり、ショ糖、塩化ナトリウム、キニーネ、酢、グルタミン酸がそれぞれの基本味を生じさせる代表的な味物質である。

　舌の場所によって感じる味が違うという「味地図」仮説が知られているが、この説は実際とはかなり異なる。舌をはじめとして口腔内に広く分布する乳頭の味蕾の一つひとつに、基本五味の受容体があるため、舌の奥でも、舌先でもどこでも、五味を感じることができる。ただし、舌全体で味覚の受容がまったく均質であるというわけではない。舌の先の方と奥の方で発現している受容体が少し異なり、また、脳へつながっている神経が異なる。舌の前の方にある茸状乳頭は鼓索神経、舌の奥の方にある有郭、葉状乳頭は舌咽神経を介して脳に情報を送る。

甘味は糖分に感じることが多く、エネルギーのシグナルになる。甘味の受容体で受容される化学物質は、糖のほかにも数多く存在する。砂糖だけでなく、糖分の含まれない人工甘味料も甘く感じるのはそのためだ。うま味物質は、昆布や野菜のグルタミン酸、鰹節や肉のイノシン酸が有名だ。グルタミン酸にイノシン酸などの核酸を少し添加するとグルタミン酸単独に対してよりも、非常に強いうま味を感じる。これをうま味の相乗効果という。西洋・東洋を問わず出汁を野菜と肉の両者からとるのは、経験的に人間が相乗効果を知っていたからかもしれない。

　甘味とうま味は多くの動物にとって生得的に好ましく感じられる。しかし、味覚の強さの感じ方は体調によって変化する。運動の後や、空腹時は甘味の感度が上がり、より多く摂取できる。反対に満腹のときには甘味に対する感度が下がる。

　一方、酸味、苦味は、生得的には好まれず、基本的には毒や腐敗のシグナルではないかと考えられている。しかし、大人は魚のわたなどの苦いものもおいしいと感じる人がいる。ただ、苦いものが好きといっても、砂糖のように甘いから好きというより、苦味を含んだ食品が、うま味などの他の味を含んでいるために、おいしいと感じるようになると思われる。また、苦いものを好むのは大人であり、そうした文化的なハードルを越えることによる側面もある。

　五つの基本味をみると、普段私たちが食品の味として感じている辛味が含まれていないことに気がつくだろうか。辛味も人間が日常生活ではっきり認識できる食品の味だが、基本味のように口腔内の味蕾に受容体が存在するわけではない。その意味で、味覚と異なる。トウガラシの辛味成分として有名なカプサイシンの受容体は、手などの皮膚にもある自由神経終末に存在し、痛みや熱さを感じるときにも作用する。わさびやマスタードの辛味は別の受容体の反応によって生じるが、この受容体も自由神経終末にあり、冷覚や痛みも生じさせる。つまり、辛味は味であると同時に痛覚、温度感覚などの体性感覚の一種でもある。

第 7 章　食のこころへの働き

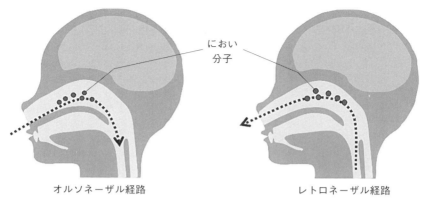

オルソネーザル経路　　　　　　　　　レトロネーザル経路

図3　におい分子のたどる二つの経路

2-2 嗅覚の仕組み

　食べ物を味わうことにとって、嗅覚は味覚と同様に重要である。食品のにおいの分子には、吸気で鼻孔（鼻の穴）から入るものと、口腔の揮発性物質がのどの奥の鼻咽喉へ呼気で押し出されるものとの二つの経路がある（図3）。前者はオルソネーザル経路、後者はレトロネーザル経路と呼ばれる。いずれも鼻腔の嗅上皮の嗅粘膜にある嗅細胞の嗅覚受容体がにおい分子をキャッチして、脳の嗅球に情報が伝達されにおいの感覚を生じさせる（図4）。
　食べ物のにおいは口に入れる前からオルソネーザル経路で検出されるが、口の中にいれてかんだり、飲み込んだりした後に感じるにおいは、レトロネーザル経路による。
　後鼻腔経路は、普段の食生活ではあまり意識されていないが、食品の風味（味とにおいの両者によって食品に感じる感覚・フレーバー）にとって重要な役割を果たす。
　ある特定のもの（たとえばバラ）のにおいは単独の分子ではなく、多くのにおい分子を含んでいる。食品のにおい分子は鼻腔のなかの嗅上皮の嗅細胞のにおい受容体にとらえられる。ヒトには約400種類のにおい受容体があ

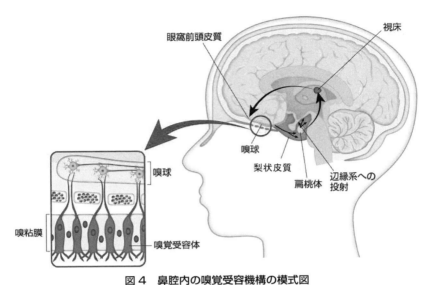

図 4　鼻腔内の嗅覚受容機構の模式図
和田有史「"食の認識"を探る 第 2 回 視覚と食感」『臨床栄養』129（3）276-280 頁、2016 年より改変。

るといわれている。

　また、においの受容体とにおい分子は 1 対 1 の対応関係ではなく、それぞれの受容体は複数の似た分子構造のにおい分子に反応する。そのため、1 つのにおい分子は複数の受容体に検出されることになる。

　嗅覚受容体の反応は、脳の下側にある嗅球に伝えられる。

　しかし、私たちが体験するにおいの質は、分子構造のみによって決まるわけではない。たとえば、アセトフェノンとフェニルチルアルコールは、いずれも花のようなにおいを生じさせるが、分子構造は前者がケトンで後者はアルコールで異なる。また、ケトン基でもアルコール基でもミントのようなにおいを生じさせるにおい分子が存在する。つまり、花やミントのにおいを感じるという経験は、におい分子の分子構造だけでなく、花の外観という視覚情報や、ハッカを口にしたときの体性感覚の情報など、他の感覚の情報と結びついて形成されるのである。

第 7 章　食のこころへの働き

　甘いにおい、塩辛いにおい、という私たちの嗅覚経験は、分子と日常的な経験の結びつきに基づいている。私たちはバニラのにおいに甘さを強烈に感じるので、生まれながらにそういう感じを持つと思いがちだが、実際にはそうではなく、学習によってにおいと味を結びつけるのである。

　においの好き嫌いや感じ方は、文化の差、経験の差も影響する。たとえば、納豆のにおいを嫌いな人は多い。納豆は、日頃、納豆を食べていない人にとっては腐敗臭にしか感じられないのかもしれない。においの好みは、生得的というより、むしろ後天的な学習、経験の影響が非常に強いのである。

3　視覚と触覚

　インターネット、テレビ、書籍には食品の情報があふれている。文字媒体以上に目をひくのは画像や動画ではないだろうか。2011 年から 2013 年に Twitter に投稿された約 10 億件のツイートを分析した結果、典型的な食品名を含む画像 URL 付のツイートでの出現頻度のトップ 3 はラーメン、カレー、寿司の画像だったそうだ。日本人が大好きな食品が並んでいる。私たちは好きな食品の画像を見たいし、人に見せたいのだろう。スーパーの生鮮食品売場では高級なお肉は黒いトレイに盛られ、赤さを強調するのに一役買い、鮮魚売場では刺し盛りが陶器のような柄が施されたトレイに美しく盛られる。こうした工夫は売り上げに少なからず貢献している。これらの例は、人の食品の認識に視覚が大きな役割を果たしていることを示している。

3-1　色と食

　樹上生活をおくる霊長類にとって、緑色の葉や未熟な果実の中から、赤みを帯びた果実を効率よく発見することは、大切な能力である。霊長類の

色覚はそのために進化したともいわれている。真偽はわからないが、私たちの色覚と食との関係は長い歴史がありそうだ。

食品の典型的な色、というのは私たちの視覚的な食品の認識に重要である。八百屋では、オクラやミカンの包装に、それぞれの色に対応した緑色や赤のネットを使っている。これは「色の同化」という錯視を利用して、食材の色をより鮮やかに見せる効果がある。典型的な色がある果物（例：赤いリンゴ）は実際とった写真よりも色を鮮やかにするように加工するとよりおいしそうに見える。典型色を持つ物体の色は記憶の中ではより鮮やかに記憶されているという。カキ氷のメロン味やレモン味のシロップの色は実際の果汁の色を考えると、ありえないくらい鮮やかである。食品におけるこのような人工的な色使いは、逆説的に私たちの食の認識にとって視覚的なイメージが重要であることを示している。

食品の典型色は、食品の味やにおいの感じ方にまで影響を及ぼす。たとえば、赤みを帯びた色のショ糖溶液がより甘く感じられるという。赤色が果物など甘い食品との連合が強いことにより生じる増強効果かもしれない。また、フランスの大学のワイン醸造学科の学生にワインの味を評価させるときに、赤く着色された白ワインを紛れ込ますと、学生は一貫して、赤ワインに使われる典型的な言葉で赤い白ワインを評価してしまったという実験結果もある。このように食物や飲物の評価の訓練を受けたような人でも、味やにおいの評価に視覚情報の影響を受ける。これらの現象は、食品は味やにおいだけではなく、外観まで含めて「あじわう」ことが人の本質的な傾向であることを示している。人間の脳が、五感からの情報を統合して知覚を作り上げることは最近盛んに報告されており、食についての知覚もその例外ではないのである。

ところで、食品の外観とそれに対する感情や知覚される風味との結びつきは生まれついてのものかどうかが気になるところだ。これはやはり学習に依存するところが大きい。イナゴの佃煮の画像は食べたことがない人々の一部にとっては気持ち悪いようだ。その一方で食習慣のある（あった）人や、

第7章　食のこころへの働き

自分自身ではそれほど食べなくても、家族が食べている方がいる人がイナゴの画像を見た場合はそれほど嫌悪感は生じない。むしろおいしそうに見えるという人もいる。

3-2　触覚

　食物を味わうときには口腔内に食物を入れることになるが、このとき必ず口腔内のどこかに食物が接触する。そのまま飲み込むことができない塊は咀嚼し、豆腐のように柔らかい食物でも、舌でつぶして嚥下しやすくする。食べるときの歯ごたえ、舌触りなどはテクスチャーと呼ばれている（広義には視覚などの他の感覚による対象物の力学的、幾何学的な属性も含む）。この知覚には、触覚、振動覚、痛覚などの皮膚感覚全般と運動感覚などの深部感覚も関与する。テクスチャーは、口腔内に入った食物を嚥下しやすく咀嚼したり、嚥下できないものを排除したりするための重要な手がかりである。

　テクスチャーはフレーバー（味嗅覚）とともに食物のおいしさに影響する大きな要因である。たとえば、湿気たポテトチップスはおいしくないし、かたすぎる肉はおいしくない、と多くの日本人は感じる。好みの個人差・文化差が大きく、食物の嗜好にテクスチャーは大きく影響する。たとえば、近年は全国的に讃岐うどんのようなコシの強いうどんに人気があるが、福岡のうどんは、それほどコシがなく、それが好まれているようだ。うどんという食物に求めるテクスチャーが文化的に異なり、それが嗜好を左右しているのだ。日本語にはパリパリ、ふっくらなど、食物の歯ざわり、舌触りなどのテクスチャーをあらわす用語が、他の言語に比べて非常に多いそうだ。日本人が食物のあじわいにおいてテクスチャーを重要視しているあらわれなのかもしれない。

　テクスチャーは触覚だけではなく、聴覚の影響も受ける。ポテトチップスのクリスピー感は音によって左右されることを示した研究は、イグノーベル賞を受賞して話題になった。また、ソーセージの肉のかたさ、クリスピー

127

感が香料によって変化するという。嗅覚が食感に影響を与える、というのは意外な組み合わせだが、先ほど述べた通り、知覚されるさまざまな属性は、同時に生じる多くの感覚器官からの情報入力に影響されるのである。

4　学習と好悪

これまでの節で見てきたように、人の食品の認識には生得性と学習が強く関与している。ここで心理学における学習の理論について簡単に紹介する。

4-1　生得的行動と学習

人間や動物には生得的に身についている行動が存在する。たとえば、新生児は何かが口の周りに触れるとそれを口に入れようとし（口唇探索反射）、さらにそれが口に入ると吸啜（吸啜反射）する。生得的な行動がないと授乳もままならない。その後、新生児は身体的な成長と学習を経て幼児、児童と成長していく。ここでいう学習とは、机に向かって読み書きを勉強することにとどまらない。学習とは経験によって動物の行動や認知が変わることである。

4-2　古典的条件づけ

ロシアの生理学者であるパブロフ（Ivan Petrovich Pavlov）は、犬の唾液や胃液の分泌を調べる過程で、犬が餌だけでなく、本来、餌と関係のない知覚要因である餌をあげるときの音などに対しても唾液分泌するようになることに気づき、体系的な実験をおこなった。犬は、餌に対して唾液を分泌する。これは条件づけられたわけではない、生まれつきの反射である（無条

第7章　食のこころへの働き

件反射）。また、本来は、犬がメトロノームの音などを聞いても唾液をだすことはない。もともと餌とメトロノーム音は関係がないからである。しかし、餌を与える前にメトロノーム音を提示することを繰り返すと、メトロノーム音を聞いただけで唾液を分泌するようになる（条件反射）。メトロノーム音は本来、唾液分泌に対して無関係の刺激（中性刺激）だが、無条件刺激に伴わせて中性刺激を繰り返すことで、メトロノーム音だけに対しても唾液を分泌するようになる。

　第2節の味嗅覚で示した味嗅覚の結びつきも、バニラの匂いがする食品はアイスやクッキーやケーキなどたいてい甘い食品であることから、匂いだけでも甘い感じがするようになるという古典的条件づけによる学習によって成立すると考えられる。

4-3　食物新奇性恐怖と食物嫌悪学習

　初めて接する食品に対する拒否は人間だけでなく、多くの雑食動物にみられる。これを食物新奇性恐怖という。これは五感からのすべての情報から生じる。多くの外国人が糸を引き、発酵臭が強い納豆を食べたくないことも新奇性恐怖によると思われる。

　また、ある食品によって嘔吐や、気分が悪くなるような経験があると、その食物を忌避するようになる。これを食物嫌悪学習という。この学習は、古典的条件づけの一種であると考えられるが、繰り返さなくても一回の経験で成立する、というような特徴がある。

4-4　感性的満腹感

　人の状態によって食品の感じ方は異なる。満腹感を感じているときにさらに同じ食品をそれ以上食べるのは不快である。この満腹感を感じるのは、生理的におなかがいっぱいになったときのみではない。実験的に設定され

129

た食事の前後に、クラッカーやソーセージなど、数種類の食物に対する快・不快の評定を求めると、食事で摂取されたものと同一の食物は、食事前は快であったものでも、不快と感じるようになるが、その他の食物の評価は変わらなかった、という。この結果は生理的変化だけでなく、同じ食物を食べ続けることにより、同じ感覚刺激が続くことによっても満腹感が生じることを示している。これを感性的満腹感という。

5 社会的・認知的要因

　一説には、人は食に関する意思決定を1日200回以上おこなっているといわれる。いつ、どこで、何を、どのくらい、どうやって、誰と、いくら払って？　つまり、食の認識は感覚にとどまらない、社会、経済、文化、思考方法などが入り組んだ複雑なものである。今回はこうした社会心理学的な側面から食の認識を探ってみる。

5-1　ブランド効果

　コーネル大学のワンシンク（Brian Wansink）はワインの付加情報が私たちの認識に与える影響を調べる実験をおこなった。実験参加者には、大学のレストランでの定食に加え、ワイナリーの販売促進という名目でグラスワインをふるまった。実際は同じワインだが、半分の参加者にはワインの産地のワイン、もう半分にはワインの産地として知られていない土地のものであると説明される。すると有名な産地だといわれたワインの方がおいしさの評価が高く、食事の量も増えたそうだ。全く同じ食事でも、付加情報によって食品そのものの評価や態度が変わる。その影響は幼児でもみられる。アメリカの実験で、3～5歳の幼児に、大手のハンバーガーチェーンのロゴマークがプリントされた容器と無地の容器にいれた食品や飲料を食べ

第7章　食のこころへの働き

比べさせた。その結果、ハンバーガー以外のチキンナゲットや牛乳などの商品では、ロゴがプリントされた物のほうがおいしいと評価された。このように、私たちの食品の認識はブランドに左右される。

5-2　ステレオタイプ

　ステレオタイプとは、「社会集団や社会的カテゴリーに対して、その成員がもつ属性についての誇張された信念」と定義される。たとえば、「京都の料理は総じて薄味でさっぱりしている」、というイメージを持っている人は多いが、一概にそうではない。うどんのつゆは関東に比べて色が薄いが、昔ながらの京都のラーメンは濃厚な物や背脂がういているものも多い。つまり、「京都は薄味」は一部には当てはまるものの、全てに当てはまるわけではないので、ステレオタイプの一つということになる。このように、食品にもさまざまなステレオタイプが存在する。

　「オレンジだけは収穫できる無人島で1年間過ごすとしたら、どの食物を携行するか？」という選択を一般のアメリカ人大学生がおこなうと、ほうれん草やバナナといった一般的に健康によいと考えられている食品が選ばれる傾向があった。栄養学の観点からは高カロリーのチョコレートやホットドッグの方が望ましそうだが、「カロリーをとらない方が健康によい」という偏見が判断に強い影響を与えたのだろう。逆に考えると、先進国では、なぜ抑制しなければならないほどの脂肪や糖への欲求があるのだろうか。一説では、500万年前にチンパンジーから分化した私たちの祖先が生活していたサバンナでは、肉や熟した果実を手に入れるのが難しかったことから、その環境への適応によって、このような欲求を身につけたという。霊長類以外でも脂肪の摂取が過剰になる場合もあるので、手放しで有力な説とは言えないが、サバンナで形成（あるいは維持）された人間の本能は、現代の先進国の環境に適応できていない、といえるかもしれない。

131

5-3 フードファディズム

　食品について、専門家と消費者の認識の間にギャップが生じ、市場の混乱にまでつながる事例が毎年のように起こる。たとえば、2012年には、特定のヨーグルトにインフルエンザの予防効果があるとする情報番組の紹介により、通常はヨーグルトの消費が鈍る冬季にもかかわらず店頭での品切れが起こった。ヨーグルトに含まれる乳酸菌は、整腸作用のほかにもさまざまな機能があるが、インフルエンザの予防効果は科学的に証明される前段階だ。食品の科学的な情報の適切な見極めは、多くの消費者にとってもむずかしい。こうした、食品の危険性や機能を過大に評価し生じる一過性の熱狂的反応は「フードファディズム」と呼ばれている。もちろん、すべての消費者がフードファディズムに巻き込まれるわけではなく、その発信された情報に対する反応は消費者それぞれの経験や特性による受け取り方の違いがかかわっている。

　食品のリスクについても、専門家と一般消費者の間のギャップがしばしば起こる。たとえば、E型肝炎ウィルスの感染やサルモネラ菌などによる食中毒のリスクにより、2015年6月に豚肉や豚の内臓を生食用として販売・提供することが禁止された。この一因は2014年7月に牛の肝臓を腸管出血性大腸菌による食中毒のリスクが高いため生食用として販売・提供することを禁止した直後、豚のレバーを代用として提供する飲食店が増加したことだといわれる。しかし、豚の肉や内臓の生食リスクが高く、避けるべきであることは、ずっと以前からの常識であった。牛レバーの生食が禁止されたことにより、公衆衛生学などの講習を受けた食品衛生責任者でさえ、「禁止されていない豚の生レバーは合法」、「すなわち提供しても問題がない」、という判断を下してしまったのかもしれない。

　食品安全や機能にかかわる情報は、専門的な知識をもたない一般消費者には難解であることが多い。上記のように発信者の意図しない理解を消費者がしてしまうことはよくあるが、これは単なる消費者の知識不足のせい

とはいえない。人間の認知システムの根本とかかわりがある。

　人の意思決定にかかわる認知過程の説明の一つに、カーネマン（Daniel Kahneman）による「二重過程理論」がある。カーネマンは、2002 年にノーベル経済学賞を受賞した心理学者である。この理論では、ほとんど無意識に直感的に実行される過程（システム 1）と、より時間をかけて分析的に実行される過程（システム 2）の 2 種の認知過程が存在し、人はこれらのシステムを使って常に何かの意思決定をおこなっているという。システム 1 による問題解決の際には、簡略化されたプロセスを経て結論を得る方法をヒューリスティックスと呼ぶ。システム 1 は、即断を必要とする場合や膨大な数を迅速に処理するが、「ある特定の状況で決まって起きる系統的エラー」が生じる。さらに、そういった場合でも「スイッチオフできない」といった欠点がある。このような衝動的な反応を抑える「セルフコントロール」をシステム 2 が担う。人によってシステム 1 の影響が強い傾向がある、あるいはシステム 2 が比較的起動しやすい、といった個人差もある。

　このような認知の個人差が、情報の理解やそれによって生じる感情や行動に影響を与えるのだろう。

より深く学びたい人のために

綾部早穂・斉藤幸子（編著）『においの心理学』フレグランスジャーナル社、2008年。

今田純雄・和田有史（編著）『食行動の科学——「食べる」を読み解く』朝倉書店、2017年。

今田純雄（編）『食べることの心理学』有斐閣選書、2005年。

池田まさみ（編著）『認知心理学演習　日常生活と認知行動』オーム社、2012年。

北岡明佳『現代を読み解く心理学』丸善、2005年。

日下部裕子・和田有史（編著）『味わいの認知科学——舌の先から脳の向こうまで』頸草書房、2011年。

鈴木光太郎『オオカミ少女はいなかった——心理学の神話をめぐる冒険』新曜社、2008年。

日本官能評価学会（編）『官能評価士テキスト』建帛社、2009年。

Column

コラム　食品の官能評価と心理学

心理学では人の特性を知るために、人の反応をいろいろな方法で計測する。その技法を応用して、人間の感覚によって食品や工業製品などの事物に対する評価がおこなわれている。これを官能評価という。

官能評価は分析型と嗜好型に分けられ、前者は人の感覚によってものの特性を知る、後者はものによって引き起こされる人の感覚を知ることを目的としている。評価される事物の属性は多次元であり、製品を消費・使用中にも刻一刻と変化する。例えば、ガムの味や香りは時間が経過すると弱くなり、かたさも変化するように感じられる。官能評価では多次元の属性をとらえるために、複数の感覚強度の評定などをおこなう。官能評価は事物の特性の測定として人間の五感と評価を計測センサーとその出力として用いるという点で心理学における感性評価と目的が大きく異なり、これに応じて、実験・評価の実施方法や分析の方向などが工夫されている。

食品を客観的に評価するならば、味覚センサーなどの機械による測定の方が正確ではないか、と読者は思われるかもしれない。しかし、センサーによっては油脂を接触させられないこともあるので、油脂を排除してから食品を測定することもあるという。また、人と違って感覚同士の相互作用などは生じない。この特徴は安定した品質の管理という意味ではメリットである一方で、人の感じ方の数値化はできていないことになる。食品の評価は両者を使い分けておこなわれるべきだろう。

第 **8** 章

食のからだへの働き
健康的な食事とは何か

キーワード
食事摂取基準
●
生活習慣病
●
欠乏・過剰症
●
食育
●
保健機能食品
●
特定保健用食品 （トクホ）
●
特別用途食品
●
プロバイオティックス

この章で学ぶこと

　すべての生物は、生命を維持するために栄養素を含む物質を外部から摂取しなければならない。私たちにとって食べることは必要不可欠な活動であるが、その意義は単に空腹を満たし生き延びるための手段に限らない。成長とともに食のパターンは変化し、味覚や嗅覚に加えて視覚、聴覚、触覚の発達を刺激し、身体機能の成熟に大きく貢献する。また、食を通して、日本の伝統、土地の文化や風土に根付いたさまざまな情報を共有し、食卓を囲むことがコミュニケーションの場となり、安定した情緒を育むための重要な要素にもなっている。よって、食は心身の発達において大きな役割を担っているといえる。

　ライフステージに応じて求められる食のあり方は変化し、その都度栄養を過不足なくバランス良く摂る必要がある。食品には栄養素以外の成分も豊富に含まれており、それら健康維持・向上への作用も明らかにされつつあり、食のからだへの働きは多様性を増している。

　本章では、食に求められる機能の原点である栄養とそのはたらきについて学ぶ。

135

1 栄養摂取手段としての食

　私たちは健康に生きるために食事から栄養素を摂取する。食品には生体内の生理機能を維持するために必要なさまざまな栄養素が含まれる。それらは効率よく体内に吸収され、適切に代謝されなければならない。

1-1　正常な生理機能を維持するための栄養素

●食品を構成する栄養素の役割

　食品に含まれる栄養成分は、三大栄養素の「糖質」、「脂質」、「たんぱく質」と、「ミネラル」、「ビタミン」を加えた5種類に分けられる。食品によってそれぞれの含有量は異なるので、生体内での栄養素の働きに応じて、食品は「エネルギーになるもの」、「からだをつくるもの」、「からだの調子を整えるもの」の大きく3つに分類される（図1）。

●エネルギーになるもの

　生命活動を支えるエネルギー源は、体内で合成されるATP（Adenosine tri-phosphate）という化学物質である。ATP合成に必要な栄養素は主に糖質と脂質である。食品から摂取した糖質や脂質は、消化、吸収され、細胞内で利用される。摂取量が消費量を上回る時にはいったん体内に消化吸収された後に、体内で再びグリコーゲンや中性脂肪に変換されて貯蔵される。

　糖質：米や小麦といった穀物やいも類に多く含まれる成分である。日常の食事では、ごはんやパン等の主食や麺類から十分な量を摂取している。食品中にはでんぷんの様に糖質の最小単位である単糖類が重合した化合物として存在するため、口腔内から始まる段階的な消化過程で単糖類まで分解されて吸収される。吸収された単糖類は細胞内でのATP合成に利用される。

　脂質：食肉や調理油、豆やナッツ類といった食品が脂質を多く含んでいる。

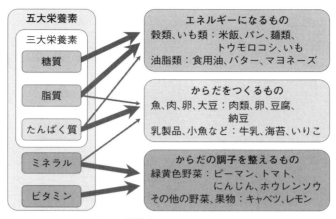

図1　栄養素の3つのはたらき

糖質と比べてエネルギーの生成率が高い。食品中には脂肪酸とグリセロールの化合物である中性脂肪の形で含まれ、消化過程で脂肪酸とグリセロールに分解され、それぞれ独立して代謝されるのだが、どちらも細胞内でATP合成に利用される。ただし、脂肪酸はエネルギー合成に利用されるだけでなく血圧調節など、さまざまな生理作用をもつ化学物質（生理活性物質）の合成にも利用される。

● からだをつくるもの

軟組織、骨格筋、皮膚、結合組織等、体のさまざまな部位はたんぱく質で構成されている。食品からたんぱく質が摂取されると、消化過程でたんぱく質を構成する最小単位のアミノ酸まで分解され、吸収後に細胞内で体を構成するたんぱく質などの合成に利用される。たんぱく質を構成するアミノ酸のうち、いくつかは生体内で合成することができる。からだをつくるたんぱく質は主に20種類のアミノ酸によって構成されており、そのうち生体内で十分な量を合成できない9種類のアミノ酸を必須アミノ酸と呼ぶ。

食品によってアミノ酸それぞれの含有比は異なるが、必須アミノ酸は総合的にバランス良く摂取しなければ効果良く利用されない。これは、一番

各アミノ酸のバランスが良く、　　少ないアミノ酸量にあわせて
　　無駄なく利用される　　　　　　他のアミノ酸の利用量は制限される

図2　必須アミノ酸のバランス
出所：筆者作成。

含有量の低いアミノ酸の量に併せて他のアミノ酸の利用率が制限されてしまうためである（図2）。つまり、含有量の高い必須アミノ酸は利用されず無駄になるのである。このようなアミノ酸の含有バランスによるたんぱく質の栄養価値の指標を「アミノ酸スコア」とよぶ。肉類や、卵、牛乳などの動物性食品とともに、大豆もアミノ酸スコアが高く良質なたんぱく質を含んでいる。したがって、たんぱく質の含有量だけでなく、食品ごとに異なるアミノ酸スコアもからだをつくる食品の重要な要素といえる。

● **からだの調子をととのえるもの**

　生命活動を支えるエネルギーや、からだを構成する主要な成分ではないものの、生理機能を適正に維持する為に欠かせない栄養素として、ミネラル、ビタミンがある。

　ミネラル：体を構成する元素のなかでも、糖質、脂質、たんぱく質を構成する炭素（C）、水素（H）、酸素（O）、窒素（N）以外の元素がミネラルである。そのうち生理機能に不可欠な16種類が必須ミネラルとされている（表1）。ミネラルは細胞や体内での特定の場所に分布し、元素ごとに局在性が異なる。カルシウムやリンは骨を構成し、体内存在量が多いミネラルである。また、カリウムやナトリウムはそれぞれ細胞内と細胞外に偏って分布し、

第8章　食のからだへの働き

表1　体内におけるミネラルの主な機能

ミネラル	食品	機能
ナトリウム Na	食塩、味噌、醤油等の調味料	体液の浸透圧、pH、血圧の調節
塩素 Cl		
カリウム K	いも類、野菜、果物、海藻等	
カルシウム Ca	牛乳、小魚、野菜、大豆製品	歯や骨の成分、血液凝固、筋収縮、興奮
マグネシウム Mg	緑黄色野菜、海藻	エネルギー代謝、筋収縮、体温調節
リン P	様々な食品	歯や骨の成分、エネルギー代謝、浸透圧、酸塩基平衡の調節
硫黄 S	たんぱく質の多い食品	毛髪、爪等の含硫アミノ酸
鉄 Fe	レバー、貝、ひじき、緑黄色野菜	酸素の運搬・貯蔵、酵素
亜鉛 Zn	かき、肉類、小麦胚芽	酵素、核酸代謝、細胞分裂
銅 Cu	野菜、穀物、肉類	酵素、鉄の代謝、成長、免疫機能
マンガン Mn	穀類、種実、野菜類、抹茶	酵素
コバルト Co	野菜、肉類	補酵素、ビタミンB12
クロム Cr	様々な食品	糖代謝、脂質代謝
ヨウ素 I	海草類、貝類	甲状腺ホルモン
モリブデン Mo	乳製品、豆類、穀類、レバー	補酵素
セレン Se	肉類、小麦、大豆	酵素、抗酸化作用

　お互いに平衡状態を保つことで体液の浸透圧を調節している。そのため、これらのミネラルの過不足は血圧調節に影響する。体内存在量は微量であっても、エネルギー産生に必要な酸素の運搬を担う鉄などは食事から適切な量を摂らなければならない。

　ビタミン：ビタミンは糖、脂質、たんぱく質を構成する元素からなる化合物であるが、生体内で合成されないため、食事から摂る必要がある。化

139

表2　体内におけるビタミンの主な機能

脂溶性ビタミン	食品	機能
ビタミンA カロテン	レバー、卵黄、乳製品、 緑黄色野菜、魚	光の感知、成長、皮膚粘膜
ビタミンD	卵黄、魚、乳製品、きのこ	カルシウム吸収、骨代謝、免疫
ビタミンE	様々な食品、種実類、植物油	抗酸化作用
ビタミンK	様々な食品、種実類、植物油	血液凝固、骨形成
水溶性ビタミン		
ビタミンB1	豚肉、玄米、豆類	糖質の代謝
ビタミンB2	レバー、卵、乳製品、緑黄色野菜、 豆類	糖質、たんぱく質、脂質代謝
ナイアシン	様々な食品、魚介類、肉類、種実類	酸化・還元反応
ビタミンB6	様々な食品、魚介類、肉類、種実類	たんぱく質代謝
ビタミンB12	レバー、肉類、貝類、卵、乳製品	核酸合成
葉酸	豆類、緑黄色野菜、レバー	核酸合成、たんぱく質代謝
パントテン酸	様々な食品、レバー、豆類、卵黄	糖質、たんぱく質、脂質代謝
ビオチン	様々な食品、レバー、豆類、卵黄	脂質代謝、皮膚、神経機能
ビタミンC	柑橘類、緑葉色野菜、いも類	酸化・還元反応、抗酸化作用

合物の特性から、大きく水溶性と脂溶性に分けられる（表2）。ミネラルと同様に、生体内のさまざまな生理作用に関与しているため、欠乏や過剰により機能障害が現れる。その化学的特性により、脂溶性ビタミンは脂質成分とともに貯蔵される。

●相互作用

　栄養素が効率よく機能を発揮するためには、適正な量を摂取することが重要である。さらに、栄養成分は相互に作用し、生体内に吸収される効率

第 8 章　食のからだへの働き

や成分の利用効率が変化することも明らかにされている。科学的な根拠に
もとづいて評価された例を次に示す。

●糖とビタミン B1

　生体内で ATP が合成される過程にビタミン B1 は促進的に作用している。
そのため、糖質を摂取してもビタミン B1 が十分に存在しなければ ATP 合
成は進行されない。糖質を多く含むごはんやパンなどと一緒にビタミン B1
を多く含む食品（代表的なものとして、豚肉、たらこ等）を食べることは、糖の
効率的な利用につながる。

●鉄とビタミン C

　レバーや赤身肉など動物性食品に含まれる鉄は、溶解性が高く吸収され
やすい形態のヘム鉄である。植物性食品のなかでは、鉄はホウレンソウや
小松菜などに多く含まれるが、吸収されにくい非ヘム鉄として存在してい
る。ビタミン C は非ヘム鉄をヘム鉄に変化させるため、植物性食品の鉄の
吸収を高める。したがって、植物性食品の鉄を効率的に吸収利用するため
には、ビタミン C を多く含む赤ピーマンやパセリ、レモンなどとともに調
理するのが効果的である。

●脂溶性ビタミンと脂肪

　脂溶性ビタミンは油脂類と共に摂取すると吸収効率が高まる。動物性食
品に含まれる脂溶性ビタミンは、既に貯蔵脂肪組織に含有されているため
吸収効率は比較的高い。緑黄色野菜を摂取する際には、油を使って調理を
すると脂溶性ビタミン類の吸収効率が向上する。サラダのように生食する
場合には油脂類を含むドレッシング等をかけるとよい。

●ナトリウムとカリウム

　日本食では塩味成分のナトリウムを多く使用する傾向にあるが、ナトリ

141

ウムは高血圧を発症させるため、摂取量を抑えることが望ましい。カリウムはナトリウムと拮抗的にはたらき、ナトリウムの尿への排泄を促す。味噌は塩分を多く含むが、原料に大豆を使用する豆味噌は大豆由来のカリウムを多く含む。具材にもカリウム含有量の高い海藻を加えることで、塩分摂取による血圧上昇への抑制的な効果が期待できる。

1-2 栄養素の食事摂取基準を理解し、活用する

●栄養素摂取量の目安となる数値

　ここに挙げたそれぞれの栄養素の摂取量の目安はどのように設定されているのだろうか。健康のために食事内容を改善したい場合は、どうすればよいのだろうか。わが国では、厚生労働省が「食事摂取基準」として健康の保持・増進を図るうえで摂取することが望ましい栄養素の量の基準値を策定している。この基準値は健康な人の生活習慣病の予防を目的とする。科学的根拠にもとづいて数値を設定し、さらなる研究の実践を推進しながら、現状に即した数値となるように5年ごとの見直しがおこなわれる。性別や年齢別に各栄養素の摂取目標量が設定されており、さらには、妊娠中、授乳中に付加すべき量も決められている（表3）。

●食事摂取基準を活用する

　食事の改善を図る場合、まず計画し（Plan）、それを実施（Do）する。そして経過と実施状況を評価（Check）し、改善（Action）をおこなう。この一連の流れをPDCAサイクルとよぶ。計画立案に先立って、何をどれくらい食べているのか、具体的な食事調査をおこなう。調査結果から実際にどのくらいの栄養素を摂取しているのか、その推定は「食品成分表」を用いた栄養価計算によりおこなう（表4）。そして、栄養素の摂取量が適切かどうかを食事摂取基準と照らし合わせて判断する「栄養アセスメント」を実施する。PDCAの評価も食事摂取基準にもとづいておこなわれ、栄養素摂取量の妥

第8章　食のからだへの働き

表3　食事摂取基準・カルシウムの食事摂取基準（mg／日）

性別	男性				女性			
年齢等	推定平均必要量	推奨量	目安量	耐容上限量	推定平均必要量	推奨量	目安量	耐容上限量
0～5（月）	—	—	200	—	—	—	200	—
6～11（月）	—	—	250	—	—	—	250	—
1～2（歳）	350	450	—	—	350	400	—	—
3～5（歳）	500	600	—	—	450	550	—	—
6～7（歳）	500	600	—	—	450	550	—	—
8～9（歳）	550	650	—	—	600	750	—	—
10～11（歳）	600	700	—	—	600	750	—	—
12～14（歳）	850	1,000	—	—	700	800	—	—
15～17（歳）	650	800	—	—	550	650	—	—
18～29（歳）	650	800	—	2,500	550	650	—	2,500
30～49（歳）	550	650	—	2,500	550	650	—	2,500
50～69（歳）	600	700	—	2,500	550	650	—	2,500
70以上（歳）	600	700	—	2,500	500	650	—	2,500
妊婦					—	—	—	—
授乳婦					—	—	—	—

出所：厚生労働省「日本人の食事摂取基準（2015年版）」（概要）から抜粋。

当性が判断される。栄養アセスメントには、食事調査によって得られる栄養素摂取量とともに、エネルギー摂取量の適正を評価するために体格指数も用いられる。これは、身長と体重から算出される数値であり、体格のバランスを把握するために用いられる指数である。

●食事摂取基準の各指標について

　食事摂取基準として、エネルギーの必要量と栄養素ごとに摂取する際の具体的な基準値（必要量、推奨量、目安量、上限、目標量）が設定されている。目的に応じてそれらの指標を用いて食事の改善をはかり健康維持に役立てることが大切である。

　推定エネルギー必要量：対象者のエネルギー消費量を測定し、さらに、身体活動の程度も計算に入れて算定する。エネルギー摂取量を評価する場

143

表4 食品成分表

1 穀類

可食部100g当たり

食品番号	索引番号	食品名	廃棄率 (%)	エネルギー kJ	エネルギー kcal	水分	たんぱく質（アミノ酸組成によるたんぱく質）	たんぱく質	脂質（トリアシルグリセロール当量）	脂質	脂肪酸 飽和	脂肪酸 一価不飽和	脂肪酸 多価不飽和	コレステロール (mg)	炭水化物（利用可能炭水化物 単糖当量）	炭水化物	食物繊維 水溶性	食物繊維 不溶性	食物繊維 総量	灰分	ナトリウム	カリウム	カルシウム	マグネシウム	リン	鉄
		穀類 アマランサス																								
01001	1	玄穀	0	1498	358	13.5	(12.5)	12.7	5.0	6.0	1.18	1.48	2.10	(0)	64.9	63.5	1.1	6.3	7.4	2.9	1	600	160	270	540	9.4
		あわ																								
01002	2	精白粒	0	1538	367	13.3	10.0	11.2	4.1	4.4	0.67	0.52	2.75	(0)	69.7	69.6	0.4	2.9	3.3	1.4	1	300	14	110	280	4.8
01003	3	あわもち	0	893	214	48.0	(4.5)	5.1	(1.2)	1.3	(0.22)	(0.19)	(0.73)	0	45.3	—	0	1.5	1.5	0.3	0	62	5	12	39	0.7
		えんばく																								
01004	4	オートミール	0	1590	380	10.0	12.0	13.7	(5.1)	5.7	(0.94)	(1.80)	(2.09)	(0)	69.1	63.1	3.2	6.2	9.4	1.5	3	260	47	100	370	3.9
		おおむぎ																								
01005	5	七分つき押麦	0	1427	341	14.0	(9.5)	10.9	1.8	2.1	0.58	0.20	0.91	(0)	72.1	(71.2)	6.3	4.0	10.3	0.9	2	220	23	46	180	1.3
01006	6	押麦	0	1423	340	14.0	5.4	6.2	(1.1)	1.3	(0.36)	(0.12)	(0.56)	(0)	77.8	71.2	6.0	3.6	9.6	0.7	2	170	17	25	110	1.0
01007	7	米粒麦	0	1435	343	14.0	(6.1)	7.0	(1.8)	2.1	(0.58)	(0.20)	(0.91)	(0)	76.2	68.8	6.0	2.7	8.7	0.7	2	170	17	25	140	1.2
		大麦めん																								
01008	8	乾	0	1418	339	14.0	(11.4)	12.9	(1.5)	1.7	(0.42)	(0.16)	(0.82)	(0)	68.0	(72.2)	3.6	2.7	6.3	3.4	1100	240	27	63	200	2.1
01009	9	ゆで	0	510	122	70.0	(4.3)	4.8	(0.5)	0.6	(0.15)	(0.05)	(0.29)	(0)	24.3	(25.2)	1.2	1.3	2.5	0.3	64	10	12	18	61	0.9
01010	10	麦こがし	0	1636	391	3.5	(10.8)	12.5	(4.2)	5.0	(1.39)	(0.47)	(2.17)	(0)	77.1	(79.9)	5.2	10.3	15.5	1.9	2	490	43	130	340	3.1
(01004)	(4)	オートミール→えんばく																								

出所：文部科学省「日本食品標準成分表（2015年版）」から抜粋。

第8章　食のからだへの働き

合には、食事調査だけでなく、BMIや体重等の身体的指標の変化も考慮する。

　推定平均必要量と推奨量：たんぱく質やミネラル、ビタミン等、不足状態が起こり得る栄養素について設定されている。推定平均必要量を下回ると、50%の確率で不足が生じるとされ、推奨量はこの値以降で不足のリスクがないとされている量である。

　目安量：不足の可能性が低い栄養素については、推定平均必要量や推奨量の代わりに目安量として十分な摂取量が設定されている。

　耐容上限量：過剰摂取による健康障害が生じない上限値であり、これを超えて摂取してはいけない量である。

　目標量：生活習慣病予防を目的とした指標である。目標量の範囲内で摂取することで生活習慣病のリスクは低いとされている。

　これらの指標を参考にしながら、エネルギーの過不足や栄養素の摂取不足を防ぎ、そのうえで、食事による生活習慣病の予防を目指す。したがって、上記指標のなかでは推定平均必要量、推奨量、目安量が優先され、続いて目標量について評価されることが望ましい。さらには個人の特性や食事の改善を図る目的に応じて食事摂取基準の各指標を選択して用いることも重要である。

1-3　生活習慣病、栄養欠乏・過剰症とは

　さまざまな食品が豊富に流通する今の食環境では、必要な栄養素を過不足なく摂ることが重要である。バランスのとれた食は健康維持に大きく貢献する。不適切な食事の量や栄養バランスの偏りは健康を障害する悪影響を引き起こすが、食事内容を見直すことで、ある程度の改善を図ることができる。

●生活習慣病

　食事摂取基準の基本方針としても生活習慣病予防が掲げられているが、

145

どのような食事が生活習慣病の発症につながるのだろうか。生活習慣病とは、生活習慣が原因で発症する疾患のことであり、偏った食事、運動不足、喫煙、過度の飲酒、過度のストレスなど、好ましくない習慣や環境が積み重なると発症のリスクが高くなる疾患の総称である。高血圧、脂質異常症、糖尿病などに代表され、これらに診断された場合には、食事や運動等の習慣を見直す必要がある。原因として考えられる食習慣は、塩分の摂りすぎや、日常の活動によって消費するエネルギーを大きく上回り糖質や脂質を多く含む食品を摂ってしまうことである。

　食塩に含まれるナトリウムには血圧を上げる作用があり、高血圧や動脈硬化を促進する。体内の塩分が増加すると、その濃度を下げるために喉が渇き、飲水量が増し、尿の排泄は減少する。結果として体内の水分量が増えて、血圧が上昇する悪循環に陥る。また、糖質を過剰に摂ってしまうと、肝臓や脂肪細胞で脂肪が合成されて肥満の原因となる。脂質の摂りすぎは動脈硬化を招き、心臓疾患や脳梗塞につながる。したがって、生活習慣病の予防には、塩分を控える味付けの工夫し、糖質や脂質を含む食品を摂りすぎないように心がけることが大切である。

●栄養欠乏症・過剰症

　食事から十分なエネルギーが得られないと低栄養状態となり、たんぱく質、ミネラル、ビタミン等、特定の栄養素が不足すると欠乏症が発生する。糖質は他の栄養素よりも優先的にATP産生に利用されるエネルギー源であるが、糖質が不足するとたんぱく質がエネルギー源として利用されてしまい、たんぱく質摂取の本来の目的が果たせなくなる。ダイエットや偏食によりたんぱく摂取が不足すると、血液中のたんぱく量が低下し、むくみ、貧血、免疫機能低下等、さまざまな全身症状が現れる。ミネラルやビタミンは食事摂取に依存しているので、それぞれの成分に対応して欠乏症状が現れる（表5）。逆に摂りすぎると過剰症を発症する。特に脂溶性ビタミンは体内に蓄積されるため過剰症のリスクは高く、摂りすぎないように注意を

第 8 章　食のからだへの働き

表 5　栄養素の欠乏症と過剰症

ミネラル	欠乏症	過剰症
カルシウム	くる病、骨軟化症、骨粗鬆症	異所性石灰化、高カルシウム血症
マグネシウム	循環器疾患	下痢
カリウム	倦怠感、不整脈	高カリウム結晶
リン	骨疾患	骨粗鬆症、副甲状腺機能亢進
ナトリウム	倦怠感、意識障害	高血圧、動脈硬化、胃がん
鉄	鉄欠乏性貧血	鉄沈着症
銅	貧血、骨疾患	銅過剰症、ウィルソン病
亜鉛	成長障害、味覚異常	免疫能低下
マンガン	骨病変、成長障害	運動失調、パーキンソン病
ヨウ素	甲状腺腫	甲状腺腫、筋力低下
クロム	糖代謝異常、脂質代謝異常	腎不全、呼吸器障害
セレン	心筋障害	倦怠感、意識障害
モリブデン	成長障害	銅欠乏、意識障害
ビタミン	欠乏症	過剰症
ビタミン A	夜盲症、皮膚角化症、免疫低下	肝障害、胎児催奇形
ビタミン D	カルシウム欠乏、骨粗鬆症	高カルシウム血症、異所性石灰化
ビタミン E	溶血性貧血、神経障害	下痢
ビタミン K	血液凝固遅延、消化管出血	高ビリルビン血症
ビタミン B1	脚気、ウェルニッケ脳症	下痢
ビタミン B2	成長障害、口唇炎	高カルシウム血症、異所性石灰化
ナイアシン	ペラグラ、皮膚疾患、精神障害	消化管障害、肝機能障害
ビタミン B6	皮膚炎、神経障害、成長障害	神経障害、腎結石
ビタミン B12	悪性貧血、末梢神経障害	下痢
葉酸	悪性貧血、神経障害、免疫低下	呼吸障害、亜鉛吸収障害
パントテン酸	成長障害、末梢神経障害	下痢

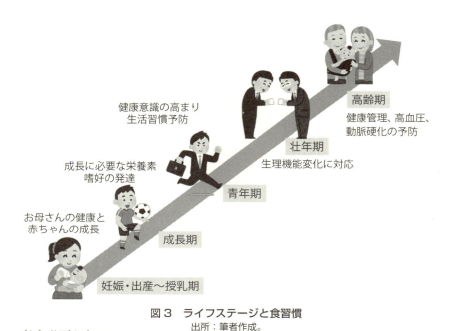

図3 ライフステージと食習慣
出所：筆者作成。

払う必要がある。

2 健康維持のための食のありかた

　私たちは生涯を通して、健康を維持するために食事から栄養を摂取する。生まれて成長をする過程や、からだが十分に発達をし、さらに年齢を重ねるごとに変動してゆく生理代謝に応じて、その都度相応しい食のあり方も変化する。それぞれのライフステージにおける留意点をふまえて健康維持に効果的な食を実践することが望ましい（図3）。

2-1 食とライフステージ

　妊娠・出産～授乳期：母体の健康を維持することが妊娠の適正な継続と

出産後の乳児の成長にとって必須条件である。食事摂取基準の項で示したように、各栄養素の摂取目標量について、妊娠中、授乳時期に付加されるべき量が決められている。胎児が正常に発達するためには、たんぱく質、カルシウムや鉄、カリウムなどのミネラル、ビタミン類、を適量摂取しなければならない。主食で適正なエネルギーを摂取し、副菜にはさまざまな種類の野菜からミネラルやビタミンを不足なく摂ることを心がける。たんぱく源となる肉類、卵、豆類をバランスよく主菜に用い、乳製品を組み合わせることで、カルシウム摂取量を確保する。近年、乳児期におけるビタミンD、ビタミンKの欠乏状態が問題となっている。乳児の発育に必要な栄養素が母乳中に不足することも考えられるので、完全栄養の調整乳などを取り入れて栄養を補うことが望ましい。

成長期：咀嚼機能が発達し味覚をはじめとするさまざまな感覚機能が完成される時期であり、食欲や嗜好が育まれるとともに、食に関する興味や関心も生まれる。体が大きくなり、内臓組織が発達するにつれ、たんぱく質の要求量が高まる。一方で、思春期には性差や個人差も生まれ、肥満・やせのように長く影響する健康状態の変化も認められる。適正な食事摂取のための正しい理解を深め、自発的に健康維持に努める食習慣を身に着けるべき時期である。

青年期：20歳前後から30歳代の後半にかけては、身体的な成長や発達は既に完了しており、生理機能の安定した時期である。この時期には、成人して社会人としての新しい生活が始まる。結婚、出産、子育てというライフイベントを迎えることも多いため、個人の生活習慣は変化に富む時期でもある。生活習慣病予防のために適正体重を維持し、個人に合った食事の量や内容を実践することが重要である。量だけでなく質を見直し、塩分の摂りすぎにも注意をすべきである。

壮年期：50歳前後からは年齢的に生理機能が大きく変化し、身体的には生理代謝が不安定な時期である。一方、家庭や社会においては重要な役割を担い、さまざまな責任を負う世代である。生活習慣病予防を意識した食

生活を実行することが重要である。女性は、女性ホルモンのエストロゲンの分泌が急激に低下するため、更年期障害とよばれるホルモン作用不全の症状が現れやすく、骨量の減少による骨粗鬆症を防ぐための食事内容や生活習慣に配慮すべきである。

高齢期：65歳を超えると加齢に伴う身体機能の変化、体力の低下が顕著となる。定年による退職など社会生活面でも環境が大きく変化する時期である。体力の維持、高齢期に発症しやすい高血圧や動脈硬化の原因となる塩分の摂りすぎに注意をしながら、エネルギーを適正に摂取できる食事内容を心がける。また、咀嚼能力の維持は健康寿命の延伸を支える要素であり、残存する歯の数に大きく左右される。若い時期から歯や口腔の健康管理を心がけて歯周疾患を予防しておくことが、高齢期の積極的な食の楽しみにつながる。

2-2 食育

生活習慣の欧米化や社会経済情勢の変化は日本人の食習慣にも影響し、不規則な食事時間や栄養の偏り、肥満や生活習慣病の増加、過度の痩身志向（ダイエット）等の問題に加えて、食の安全性や海外依存の問題も深刻化しつつある。この状態が継続すると、健全な食生活は脅かされることになる。そこで、健康の確保等が図れるように自らの食について考える習慣や食に関する知識・判断力を身に付けるための学習として「食育」が位置づけられた。これは、単に食事のとり方や栄養のしくみを学ぶだけに留まらず、伝統的な食文化に支えられている食の重要性を理解した上で、自分自身に適切な食のあり方を考えて選択し、健全な食生活を実践する能力を養うことを目的とする。

家族と一緒に食べる楽しみを味わうことや、食べ物の生産過程を知り、感謝する気持ちを持つこと、さらにこうした経験や知識を次世代に伝えることも食育の一環である。乳幼児から高齢期までの全てのライフステージ

に相応しい食育の取り組みが推進されるために、「食育基本法」が2005年より施行されている。この基本的な施策として、「学校や保健所等」や、「国および地方公共団体」での食育推進における役割が示されている。

　学校や保健所：子どもの健全な食生活の実現と心身の成長が図られるよう、学校や保健所等における食育推進のための指針を作成し、食育の指導に相応しい教職員の設置、指導体制の整備が講じられている。学校給食における食育の実施も求められる。

　国および地方公共団体：家庭と地域における食生活改善のための取り組みが図られている。家庭での子どもの食に対する理解を深め、健全な食習慣を確立するために、料理教室や望ましい食事習慣を学ぶ機会の提供、健康に関する知識の啓発、栄養管理に関する情報提供、妊産婦、乳幼児を対象とした栄養指導等、個人の発達段階に応じた食育などを促進する施策が講じられている。また、地域における食生活改善推進、生活習慣病予防、健康増進のための健全な食生活の普及活動、食育に関する専門知識を有する者の養成や人材活用等の必要性について示されている。

3　食に期待されるさらなる可能性

　食品には栄養成分以外にもさまざまな成分や細菌類が含まれ、健康状態を改善する効果があるもの食品への注目度は高まっている。そのなかには、わが国や海外の伝統料理や食習慣に既に活かされているものも多い。特に、健康維持にとって欠かせない腸内環境の正常化や、死因の大部分を占めている「がん」や「心疾患」などに対して抑制的な効果が、どの成分によって、どのように引き起こされるのか、科学的に証明され始めている。

151

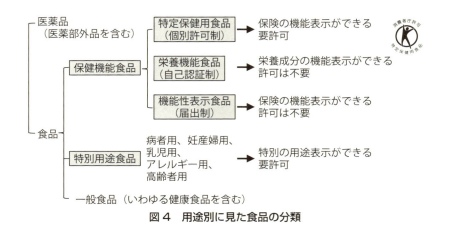

図4 用途別に見た食品の分類

3-1 健康食品の利用

　健康意識の高まりとともに、日常の食事・食品に付加価値をつけた健康食品が注目され、さまざまな製品が販売されている。これらは適切に摂取すれば健康の維持や増進に効果的である一方、不適切な摂取方法による悪影響も懸念される。そこで、国は食品に機能性の表示ができるものを「保健機能食品」と指定し、食品の目的や機能等の違いにより、「特定保健用食品」、「栄養機能食品」、「機能性表示食品」の3つに分類している。また、保健機能食品は健康な個人を対象としているのに対し、乳児、幼児、妊産婦、病者などの発育、健康の保持・回復などに適するという特別の用途に適するものは「特別用途食品」として表示や販売を消費者庁が許可している（図4）。

●**保健機能食品**
　特定保健用食品：健康の維持、増進に対する効果が科学的根拠にもとづいて確認されているものである。パッケージには「○○の吸収を抑える」など、その食品を摂取することで期待される機能について表示されており、

その有効性や安全性について国の審査を受け、消費者庁により表示が許可される。

栄養機能食品：不足しがちな栄養成分（ビタミン、ミネラルなど）を補うために利用される。すでに科学的根拠が確認された栄養成分を一定の基準量含む食品であれば、特に届出などをしなくても、国が定めた表現によって機能性を表示することができる。

機能性表示食品：科学的根拠にもとづいた機能性を、事業者の責任のもとに表示した食品である。販売前に安全性および機能性の根拠に関する情報などが消費者庁長官へ届け出られたものであるが、特定保健用食品とは異なり、消費者庁長官の個別の許可を受けたものではない。

病者用食品	
許可基準型	
低たんぱく質食品	9件
アレルゲン除去食品	6件
無乳糖食品	4件
総合栄養食品	5件
個別評価型	9件
妊産婦、授乳婦用粉乳	0件
乳幼児用調製粉乳	10件
えん下困難者用食品	12件

図5　特別用途食品
2015年7月7日現在。

●特別用途食品

特別用途食品には、病者用食品、妊産婦・授乳婦用粉乳、乳児用調製粉乳およびえん下困難者用食品に分類される。病者用食品には、たんぱく質の摂取制限のために用いられる「低たんぱく質食品」、特定の食品アレルギーの原因となるアレルゲンを不使用または除去した「アレルゲン除去食品」、食品中の乳糖を除去した「無乳糖食品」、食事の代替品として液状か半固形状で栄養素をバランスよく配合した「総合栄養食品」がある（図5）。

3-2　腸内環境を整える食品

●プロバイオティックス

よい腸内環境を育むことが証明された細菌を含んでいる食品を、「プロバイオティックス」と呼ぶ。ここに該当する細菌は、腸内細菌叢の一員であ

り安全性が確認されていること、消化液に耐性があり生きて腸に付着することなどの条件を満たしている。乳酸菌、ビフィズス菌、納豆菌、などであり、これらを含む食品は、チーズ、ヨーグルト、キムチ、ザワークラフト、ぬか漬け、納豆などのさまざまな発酵食品である。これらの菌は、腸内の有機酸（短鎖脂肪酸）量を正常に保つことで、病原菌の増殖を抑制する。有機酸の生成によってミネラルはイオン化されやすくなるため、消化管からの吸収効率は向上する。また、腸の蠕動運動も有機酸により促進されるため、便通を整える効果がある。

●プレバイオティックス

「プレバイオティックス」とは、腸内の有用細菌の増殖を促進し、あるいは、有害菌を抑制することによって宿主の健康に有利に働く非消化性食品成分であり、「消化管上部で分解・吸収されないこと」、「腸内細菌の栄養源となること」、「腸内細菌構成の正常化にはたらくこと」等の条件を満たすものである。代表的な成分のオリゴ糖のなかでも、フラクトオリゴ糖は蜂蜜、玉ねぎ、ゴボウ、ライムギ、アスパラガス、バナナ、ニンニク、メープルシロップなどの食品に含まれている。ガラクトオリゴ糖は母乳に含まれ、消化管内でビフィズス菌が優勢となる腸内細菌の構成へと変化させることが知られている。

3-3 「がん」や「心疾患」に有効な食習慣

●食事とお茶

食事中や食後にお茶などを飲む習慣は、さまざまな食文化・食習慣のなかに根付いている。緑茶や紅茶、コーヒーには、カフェインやカテキン、タンニン、テアニン、クロロゲン酸などポリフェノールに分類される成分が含まれる。ポリフェノールを培養したがん細胞に加えると、細胞の増殖が抑制されることから、がんに対して予防的な効果が期待されている。また、

154

第8章　食のからだへの働き

これらの成分は食後の血糖の急激な上昇を抑え、体内での脂肪の利用を促進する作用があることから、心疾患につながる生活習慣病や動脈硬化症の予防への効果が期待されている。抗菌、抗ウィルス作用もあることから、口腔内や消化管内での病原菌増殖に対して抑制的にはたらく。

●和食

　わが国の伝統食である和食は、多様な食材の持ち味を活かした料理法や盛り付け等の表現の美しさだけでなく、生活習慣病等に対しても改善効果が証明されている成分を多く含み、健康維持・増進への効果が期待されている。和食の定番である味噌、醤油、豆腐などの大豆製品には、生理的な作用が実証されているイソフラボンというポリフェノールが多く含まれる。また、ぬか漬けや納豆などの和食材料には、腸内環境にとってもよいとされるプロバイオティックス（人体によい影響を与える微生物、または、それらを含む製品、食品）も多い。さらに海藻の食物繊維は、消化管での糖質の吸収を緩やかにして急激な血糖上昇を防ぐ効果や、コレステロールや脂質の吸収を抑制する効果がある。伝統的な食文化である和食は、健康維持の観点からも有用性が高く評価されている。

4　食を見直し食科学を実践する

　加速的に高齢化が進展する現代社会において、正しい食の選択は健康寿命を延ばして生活の質を維持するための重要な要素である。我が国は、飽食ともいえる食の豊かさを享受しているが、その一方で、特定の栄養素の摂取量は未だに不足傾向にある。したがって、実生活における栄養学的、健康科学的な問題と向き合い、個々の食生活を改めて見直すことが求められている。摂取栄養素を充足させるだけでなく、生活習慣病の発症や重症化の予防は、食科学の恒久的な課題である。

より深く学びたい人のために

小泉武夫・金内誠・舘野真知子（監修）『すべてがわかる！「発酵食品」事典』世界文化社、2013年。

食品機能性の科学編集委員会（編）、西川研次郎（監修）『食品機能性の科学』産業技術サービスセンター、2008年。

菱田明・佐々木敏『日本人の食事摂取基準　2015年版』第一出版株式会社、2014年。

富野康日己『食事指導のための生活習慣病ケーススタディ』医歯薬出版株式会社、2004年。

日経サイエンス編集部（編）『食の探究』日経サイエンス社、2015年。

「脳腸相関──各種メディエーター、腸内フローラから食品の機能性まで」『臨床栄養』臨時増刊号、医歯薬出版、2016年。

Column

| コラム | 氾濫する食情報を正しく読み取ろう |

健康に関する意識の高まりと、インターネットやスマホ、携帯端末の普及により、世界中の食や健康に関する情報を素早く取り入れ、日常生活に気軽に取り入れることができるようになった。なかでも生活習慣病予防に効果のある食情報は常に注目されている。ポリフェノールなどの非栄養成分が保健機能食品やサプリメントとして利用されるだけでなく、最近では「糖質制限ダイエット」のように、栄養成分の摂取制限が幅広い世代で実践されている。これらは肥満や糖尿病といった疾病対策を目的として欧米から始まったのだが、わが国では健康な人がダイエットの目的で始めることも多い。しかし、本来食品の一次機能を担う栄養成分を制限してしまうと、さまざまな代謝変化が起こることが容易に予測される。

　糖質を制限すると、血糖の急激な上昇を防ぐことができる。そして、体の中の脂肪がエネルギー源として利用される。血糖上昇を防ぎ体脂肪が減少するという効果がもたらされるのであるが、その代わりに脂肪燃焼によるケトン体という物質が体内に増加してしまい、極端な場合には体調の不調につながる。さらには体を構成するたんぱく質がエネルギー源として利用されてしまう。

　食は日常生活の一部であるため、特定の栄養素を極端に摂取制限すると、栄養摂取バランスに偏りが生まれ、健康状態を損ねる恐れがある。だからこそ、健康な食を実践するためには、科学的な事実にもとづいた正しい情報が提供されるべきであり、多くの情報を理解してそのなかから必要なものを選択する知識が求められる。

第**9**章

食の価値づくり
持続的・効率的な供給・消費のために

キーワード
価値づくり
●
生産・供給・消費
●
プロセス
●
システム
●
設計
●
生産性
●
持続可能性
●
ライフサイクル

この章で学ぶこと

　どうすれば食を持続的かつ効率的に供給・消費することができるか。この問いを考えるためには、まず「食」がどのように生産され、供給・消費されるかを理解する必要がある。食が消費者に届くまでの過程においては、加工・調理、輸送、貯蔵、販売、サービス提供などのプロセスが存在する。プロセスを持続的かつ効率的に設計し、運用・管理するためには、プロセス全体を定量的に評価し把握することが必要である。

　食にかかわるビジネスは、食品あるいは食材そのものに価値を加えて供給するビジネスと、食と同時にサービスを提供するビジネスに大別できる。いずれにおいても、事業者は消費者に食を供給し消費されるまでの過程において、付加価値を創造し、商品あるいはサービスに付与する。本章では、食の生産から供給、消費にいたるプロセスを定量的に把握することと、持続可能性や効率性を実現するための食の価値づくりを理解してほしい。

1 食の価値づくりとは

どうすれば食を持続的かつ効率的に供給・消費できるかを考えるためには、まず食の生産、供給、消費のプロセスを理解する必要がある。プロセス（process）とは、ある目的に向けた一連の過程や作用、変化のことであり、生産過程や処理過程を指す。日本語では、プロセスは工程や過程と訳されることがあるが、本章では各段階における作業や処理を工程、複数の工程がひと続きになったものをプロセスと呼ぶことにする。

ここでプロセスとはどのようなものを指しているのかを理解するために、簡単な例として、カレーライスを提供するレストランサービスにおける主なプロセスを考えてみよう。レストランの従業員は、まず野菜や肉などの食材を仕入れる。次に、仕入れた食材を下処理し、調理・加工して料理を仕上げ、皿に盛り付けて顧客に料理を提供する。このなかには、「仕入れ」、「下処理」、「調理・加工」、「盛り付け」、「提供」の工程が含まれている。この複数の工程が連なった一連のプロセスでは、各工程において、工程に投入された食材（材料）に対して何らかの作用が加えられ食材が徐々に変化していく。その際、各工程での作用において付加価値を付与しながら、最終的に消費者に消費されるまでの間、価値が創造されていく。

本章では、食の価値づくり（価値創造）は、次の4つの要素から構成されるものとして整理する（図1）。機能や品質、価格、意匠、商品構成、サービスの設計などをおこなう「食」のデザイン。食を供給・提供する際の場に関する環境のデザイン。生産方式や工程設計、在庫管理、品質管理、生産方式や設備に関する生産システムのデザイン。価値創造に関係する人のデザイン。

1-1 食の価値づくりと食品工学

食品の生産から製造・加工、流通、貯蔵・保存過程を扱う学問分野に、食品工学（food engineering）がある。生産から貯蔵・保存までの一連の過程

第 9 章　食の価値づくり

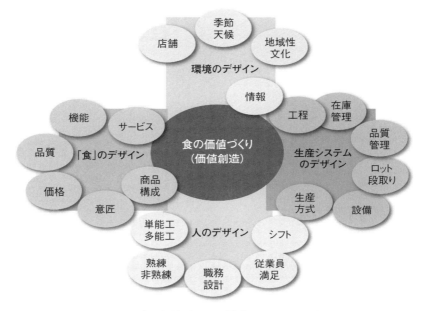

図1　食の価値づくりを構成する4つの要素
出所：筆者作成。

を効率的かつ安全におこなうためには、食品に対する熱操作（冷蔵・冷凍や加熱など）や食品輸送などに関する工学的な知識が必要である。食品工学では、工学理論を基礎として、食品製造過程でのエネルギー収支や熱伝搬、冷蔵・冷凍、濃縮、乾燥などの解析や加工・製造装置の制御をおこなう。

● **食品工学の歴史**

　18世紀半ばから19世紀にかけて起こった産業革命では、蒸気機関の開発により、生産技術の革新とエネルギーの変革が起こった。これに伴い、食品加工技術にも新たな動力機関の導入がおこなわれた。その後、缶詰を用いた高温滅菌による保存技術（1795年）や、アンモニアを用いた冷凍保存法（1873年）などが開発された。

　日本においては、戦争が終結した1945年の食糧不足の際には、農作物

161

の一次加工が主としておこなわれた。1952年には、日本で初めてHTST（High Temperature Short Time：高温短時間法）熱殺菌機が導入された。高度経済成長期には、食品加工の大規模化と機械化・自動化が進んだ。1960年にはインスタント食品ブームが起こり、食品保存技術のなかでも特に乾燥や包装の技術が発展した。さらに1980年代には、高温・高圧技術やロボット導入などが進み効率性や保存性が大幅に進展した。また1970年代頃から、バイオテクノロジー（biotechnology）が注目されるようになった。バイオテクノロジーは、従来からおこなわれてきた酒やチーズ、納豆などカビや酵母を利用して発酵する技術や、品種改良に加えて、遺伝子操作や細胞培養などさまざまな技術が開発されており、近年その応用先は広がっている。

●食品工学で扱われる技術

　食品を効率的かつ安全に加工し、包装、保蔵、流通するために、各工程では化学的・工学的操作がおこなわれる。ここでは、代表的な技術を紹介する。

　伝熱操作：熱の移動を伴う操作であり、食品加工においてはさまざまな操作がおこなわれている。伝熱（heat transfer）とは、熱の移動のことであり、熱の伝わり方により伝導伝熱（heat conduction）、対流伝熱（heat convection）、放射伝熱（heat radiation）の三つに分類される。

　熱を加える加熱操作には、加熱調理、加熱殺菌、赤外線加熱がある。食品の品温を低下させる冷却操作には、その温度帯によって、冷蔵（cooling）、氷結冷蔵（chilling）、凍結（freezing）が分類される。さらに細かな分類として、スーパーチリング（super chilling）やパーシャルフリージング（partial freezing）が提案されている。食品の保蔵においておこなわれる冷却操作は、その操作特性により鮮度や品質に影響する。プランク（Max Plank）による時間あたりの凍結速度の定義では、その速度に応じて急速凍結、中速凍結、緩慢凍結の三つに分類される。近年は、急速冷凍機能を有する冷蔵庫が家庭にも普及しはじめており、これら分類は生鮮食品の冷却操作として一般

にもよく知られている。保蔵のほかに凍結技術を応用した操作として、凍結濃縮や凍結粉砕、凍結による乾燥などがある。伝熱操作においては、食品の熱伝導率を把握して操作を工夫することが重要である。

　乾燥操作：食品中に含まれる水分を除くことで保存性・貯蔵性を高める。貯蔵期間の長期化や、配送の効率化を実現する。乾燥操作においては、まず食品中の水分量を把握することが必要である。食品の含水率は、一般に「乾量基準含水率」で表されることが多い。これは、食品材料の全質量に対する水分の質量を百分率で表した「湿量基準含水率」では、乾燥操作によって食品材料の質量が変化してしまうため、乾燥操作で変化しない材料中の質量を基準として算出されるものである。乾燥操作は、古くからおこなわれてきた操作の一つであり、穀物や干物、ドライフルーツはその典型である。インスタントコーヒーや粉ミルク、カップラーメンも乾燥操作を利用した食品である。

　粉粒体操作：食品の製造過程において、食品材料は粉粒体（granular material）の状態で扱われることが多くある。粉粒状にすることで、粉体の物性である流動性の悪さや付着性を利用して、運搬や保存の効率性を向上することができる。粉粒体操作では、固体状態の食品に対して外力を加えて固体を細かく操作する。粉粒体操作は、農産・食品分野で広くおこなわれているが、特に穀物の加工においては重要な操作の一つであり、代表的な例として小麦の製粉や、コメの精米が挙げられる。

　生物的操作：微生物を利用して食品製造・加工をおこなう。微生物が食品に対して関与する反応のうち、人間にとって有益な操作のことを発酵と呼ぶ。対して、危害性のある微生物の増殖や有害成分が生成される現象は、腐敗と呼ばれ発酵とは区別される。醤油やみそ、納豆などの発酵食品や、ワイン、日本酒、酢は発酵操作を利用した代表的な食品である。発酵生産に用いられる微生物反応の種類には、エタノール発酵、酸発酵、アミノ酸発酵、麹発酵などがある。このほかに、微生物反応を廃棄物の分解処理に用いた堆肥化やバイオガス化も生物的操作の一つとして位置づけられる。

持続的な食の供給・消費の観点から、近年、食の分野においても廃棄物の再利用や有効利用が求められ、小売業や食品流通業などで堆肥化やバイオガス化の導入が進んでいる。

　滅菌・殺菌・無菌充填：食品中の微生物を完全に、あるいは一部死滅させる操作である。食品中に含まれる微生物には、細菌やカビ、酵母などが該当する。操作の種類には、加熱法、濾過法、照射法、ガス法がある。加熱法はもっとも広く用いられる滅菌法である。食品中の水分の有無によって、湿熱法と乾熱法に分けられる。濾過法では、液体の食品に対して濾過装置を用いて微生物よりも小さなフィルタを通して菌を除去する。照射法には、食品にX線やガンマ線などの放射線を照射する方法と、赤外線を照射する方法がある。放射線を照射された食品を照射食品 (Irradiated Foods) と呼ぶ。照射食品の安全性や適性に関しては、世界保健機関 (WHO) をはじめ、各国や国際機関で評価がされている。ガス法では、エチレンオキサイドガスが一般的によく使われる。

1-2　プロセスと単位操作

　単位操作 (unit operation) とは、一連の製造過程を個別の操作の組み合わせとして捉える概念である。食が供給・消費される全過程、すなわち原材料から完成品に変換されるまでのプロセスの最初から最後までの過程でおこなわれる仕事を個別の操作として分解していく。このときに、これ以上分解できない仕事の最小単位を「技術単位 (technounit)」と呼ぶ。

●技術単位
　技術単位を図に表して考える (図2)。中央の四角に技術単位、すなわち実行される最小単位の仕事 (操作) を示す。その技術単位において、インプット (投入) される投入要素を左からの矢印で、アウトプット (排出) される排出要素を右への矢印で示す。次に、その技術単位における制約を上からの

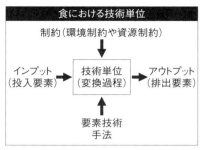

図2　技術単位を図で表す
出所：筆者作成。

矢印、技術単位を実現するメカニズム、すなわち要素技術や手法を下からの矢印で示す。ここでの上下からの矢印は、機能性能を記述するための機能モデリング手法であるIDEF0の形式に倣っている。インプットされた投入要素は、中央の技術単位でおこなわれる操作によって変換され、アウトプットされる。技術単位は、並列もしくは直列に連結され、複数の技術単位が連なる形で一連のプロセスが記述されていく。また、変換は投入要素に対して一方向であり逆向きに遡ることはできない。これを変換は、インプットに対して可逆的あるいは非可逆的であると表現する。そのため図示される矢印は、投入から排出の方向、すなわち左から右への方向を示し、逆向き、あるいは双方向を示すものではない。

●単位系と単位の換算

　単位操作における現象を記述するにあたり、物理量を定義する必要がある。現在、国際単位系では7つの基本単位がSI基本単位系として定義されている（表1）。また、単位操作における現象を数式として記述する際に、左辺と右辺の次元が異なる場合には単位の変換をおこなう。

●技術単位における効率

　投入要素が、技術単位の前後で変換され排出されるとき、排出要素と投

表1　SI 基本単位

	物質量	量の記号	SI 単位の名称		記号
長さ	length	l	メートル	metre	m
質量	mass	m	キログラム	kilogram	kg
時間	time	t	秒	second	s
電流	electric current	I	アンペア	ampere	A
熱力学温度	thermodynamic temperature	T	ケルビン	kelvin	K
物質量	amount of substance	n	モル	mole	mol
光度	luminous intensity	I_V	カンデラ	candela	cd

出所：日本化学会単位・記号専門委員会『化学で使われる量・単位・記号』2015年から抜粋。
http：//www.chemistry.or.jp/activity/doc/unit2015.pdf

入要素の収支をみることでその変換における効率を評価することができる。収支の種類には、物質収支、エネルギー収支、運動量収支があり、それぞれ質量保存則、エネルギー保存則、運動量保存則に従う。

2　食の価値設計を考える

　食の価値は、味だけで評価されることは少ない。たとえば、外食サービスを思い浮かべてほしい。外食サービスには、比較的低価格で提供までの時間が短く早さを売りにしたファストフードや立ち食い店、中程度の価格帯のファミリーレストランや居酒屋店舗、高価格帯の高級レストランや料亭など、さまざまな形態がある。これらは、価格設定だけでなく、提供までの時間（提供リードタイム）や、店舗の雰囲気、座席、接客サービスの内容も異なる。食の価値は、供給される「食」あるいは食と同時に提供される「食サービス」が消費者に対して直接的に作用する機能に加えて、価格や、意匠、

第 9 章　食の価値づくり

機能が実現される過程など複数の要素が複合的に作用して、消費者に評価される。食の価値設計では、これらの機能を複合的に捉え設計（デザイン）しなければならない。

2-1　設計（デザイン）とは

デザイン（design）は、日本語で設計と訳される。本章では、設計とデザインは同義であるとして扱う。まず、設計（デザイン）の定義に触れる。吉川弘之は、設計に関する汎用的な知見を得ることを目標に、設計についての公理的理論として一般設計学を提案した（「一般設計学序説」『精密機械』45巻8号、1979年）。このなかで、設計は、機能を入力すると実体を出力する変換過程であると考えることができる。問題の定式化として、

・属性を実体がもっているさまざまな物理的性質、化学的性質とする［定義2（一部抜粋）］。
・ある実体を、ある状況に置いたときに発現する属性によって観察される挙動を、その状況における顕在機能という。状況が変わることによって異なる機能が現れるが、その現れる可能性のある全挙動を、その実体の潜在機能という。顕在機能と潜在機能を総称して機能と呼ぶ［定義3（一部抜粋）］。

と定義している。

また、「設計工学基礎」では、「工学的設計とは、与えられた問題（仕様）をいろいろな制約条件の下で最適に満足するように、機器の全体、システムあるいはプロセスの具体的構造を作りあげることである』と定義している。

ベルガンティ（Roberto Verganti）は『デザイン・ドリブン・イノベーション』において、「ユーザ志向の「マーケット・プル」から「What（人々がいま使いたいもの）」を提供するのではなく「テクノロジー・プッシュ」を伴いながら「Why（なぜこれが生活の中に欲しいのか）」を授けることで「意味」のイノベーションを達成するのである。そうした意味を創出するのが、まさにデザイ

167

ンの役割となる」と主張している。有名な最も有名なデザインの定義の一つとして、マルドナード (Thomas Maldonado) が提案し、国際インダストリアルデザイン団体協議会 (ICSID：International Council of Societies of Industrial Design) が採用した定義は「インダストリアル・デザインは、産業によって生産されるモノの公式品質を決定することを目的とした創造的な活動である。それらの公式品質は、外見的な特徴だけでなく、主として構造的および機能的な関係についても含む。その関係は、システムをメーカーとユーザー双方の視点から見て、一貫性のあるものに転化するものである。インダストリアル・デザインの範囲は、産業生産が生み出した人間環境のあらゆる側面を包含するところまで広がっている」である。

　これらの定義からもわかるように、設計では、最終的に消費者に消費される商品・サービスだけでなく、プロセス、環境など、ライフサイクル全体において商品・サービスに関わるさまざまなシステム構成要素が対象となる。

2-2　価値づくり設計

　価値づくり設計は、スタンフォード大学において1985年にバーカン (Philip Barkan) 教授が開設した「生産性設計 (DfM：Design for Manufacturing)」が価値を生み出すための機械設計を考える統括的な講座として国際的に有名になったことをきっかけに世界各国に広まった。この講座では、企業により多くの利益をもたらす商品を企画・開発・製造するための手法として、「顧客価値連鎖分析 (CVCA：Customer Value Chain Analysis)」、「機能解析」、「品質機能展開 (QFD：Quality Function Deployment)」、「コスト対価値解析」、「生産のための設計と工程解析」、「ロバスト性設計」、「実験計画と田口メソッド」、「統計的管理手法とシックスシグマ」などが教えられる。これらの多くは、製造業における製品設計や管理・運用を対象に開発されたものであるが、手法そのものは食の設計・管理・運用においても有用である。

168

2-3 食をシステムとして捉える

　食の設計においては、システムズエンジニアリング（SE：Systems Engineering）が有効である。システムズエンジニアリングとは、「システムの実現を成功させることができる複数の専門分野にまたがるアプローチおよび手段」（*INCOSE Systems Engineering Handbook*, Wiley, 2000）である。ここでいう成功とは、与えられた費用（Cost）と期間（Delivery）の内で、必要な品質（Quality）を満たすものを作り出すことである。まず、食をシステムとして捉えるために、「システム」とは何かその定義を確認しよう。システムにはさまざまな定義があるが、ここでは国際システムズエンジニアリング学会（INCOSE：International Council on Systems Engineering）」の定義を紹介する。

　　システムとは、定義された目的を成し遂げるための、相互に作用する要素（element）を組み合わせたものである。これにはハードウェア、ソフトウェア、ファームウェア、人、情報、技術、設備、サービスおよび他の支援要素を含む

　システムズエンジニアリングプロセスでは、要求分析、アーキテクチャ設計をおこなう「システム設計」と、「インテグレーション（統合）」、QCD（品質：Quality、費用：Cost、期間：Delivery の略）を満たすためにおこなう「システムエンジニアリング管理」、「評価・解析」がおこなわれる。この４つの活動にけるタスクの関係を表しているのがアーキテクチャ V モデルである（図3）。V字の左側（左腕）では、システムをそのシステムを構成する要素、すなわちサブシステム、コンポーネントと下位概念に分解していく。右側（右腕）では、分解された要素が統合される過程を示す。アーキテクティングプロセスでは、機能設計と物理設計がおこなわれる。機能設計では、システムに要求される機能・性能を分解し、下位機能（サブ機能やコンポーネント機能）

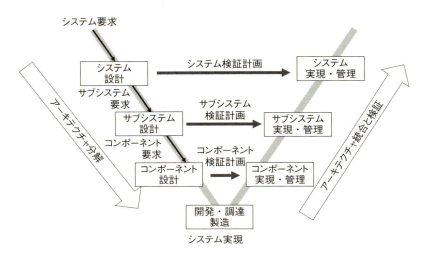

図3 アーキテクチャVモデル
出所：Kevin Forsberg, Hal Mooz, Howard Cotterman, *Visualizing Project Management : Models and Frameworks for Mastering Complex Systems*, John Wiley & Sons Inc, 2005, pp.1-480 をもとに筆者が作成。

の集合に置き換える。物理設計では、分割した下位機能を分解されたサブシステムやコンポーネントに割り付けていく。Vモデルの左腕と右腕において、同一水平上に位置付けられるタスクは、検証計画を示し、左右で相互に対応している。

3 食の生産システムを考える

食を効率的・持続的に生産し、供給するためには食の生産性を考える必要がある。本節では、食の生産・供給を担う食の生産システムを説明する。

3-1 食の生産性

生産性は、創出される付加価値と投入した資源で除した値で表すことが

第9章　食の価値づくり

できる。一般には、投入する資源としてエネルギーを扱う場合が多い。製造業では、生産される部品や製品の価値は原則一定であり、生産性における分母の投入エネルギー量を削減することにより生産性向上を図る。

　一方サービス業では、サービスの「非分離性」や「主観性」を考慮すると、提供される価値は一定とは限らない。そのため、サービスの生産性をエネルギー消費の観点からとらえると、サービスの生産性は「単位エネルギー消費あたりに生産・提供できるサービス価値最大化問題」として定義することができる。サービスを生産・提供するプロセスにおいて消費されるエネルギーは、価値創造に直接寄与するものと、そうでないものに大別できる。

　サービスの生産性向上のためには、価値創造に直接寄与する仕事に対する投入エネルギー量は、価値を下げずに投入エネルギー量を減らす、また、直接寄与しない仕事に対する投入エネルギー量は消費エネルギー量の最小化を目指す両方のアプローチが必要である。食の生産・供給における生産性は、生産する対象が有形財である場合は製造業的なアプローチをとることができるが、その大半は無形財、あるいは、無形財と有形財双方の性質を有する場合が多く、サービス生産性と同様なアプローチが有用である。

　図4に、生産性向上と付加価値創出ループを示す。持続的に生産性を向上させ、持続可能な生産システムを実現するためには、短・中・長期の視点での技術進歩や社会環境の変化を考慮した評価が求められる。

●食とサービス工学

　経済産業省は、サービス産業の生産性向上を重要課題に位置づけ施策をおこなっている。「経験と勘から科学的・工学的手法へ」の観点から、サービス工学研究が推進されている。『技術戦略マップ2008』（経済産業省、2008年）では、2008年度版よりサービス工学分野が追加された。このなかで、「成功しているサービス企業の多くは、「サービスの受け手に関する情報を客観的に取得・分析して、提供するサービスに反映することで、サービスの付

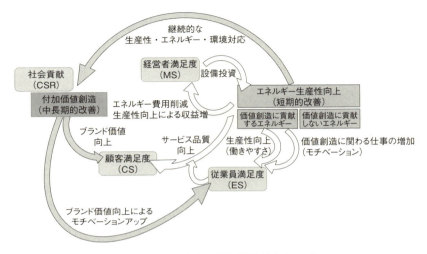

図 4　生産性向上と付加価値創出ループ
出所：筆者作成。

加価値や効率性を高めている」。その過程は、「観測・分析・設計・適用」を繰り返す「サービス最適設計ループ」により実現できる」と説明されている。

3-2　生産のプロセスとマネジメント

　生産システムにおいては、物の流れと情報の流れを設計・管理する必要がある。物の流れの活動は、操作によって対象物に変化が加えられる「変換」と、「運搬（搬送）」、「貯蔵」に大別できる。貯蔵される在庫の種類として、材料在庫、仕掛在庫、製品在庫がある。仕掛在庫は、プロセスの途中段階における在庫であり、中間在庫とも呼ばれる。在庫を効率的に管理することは、生産性向上につながる。在庫管理の手法として代表的なものに、発注方法に着目した「定期発注方式」、「定量発注方式」、「(s, S) 方式」、「EOQ（経済的発注量）」がある。在庫の確認作業を棚卸しといい、一定期間の売上高に対する在庫資産の割合である棚卸し回転率を指標として効率的におこなう。

第 9 章　食の価値づくり

　生産能力には、設備能力と労働力がある。ある仕事量に対して、1 台の設備、あるいは一人の作業者によって実施する時間を工数という。生産は、あらかじめ計画した生産計画に従って実施される。生産計画では、ある一定期間において生産する品種と量を決定する。生産計画が立てられると、その仕事（操作）を実際におこなう設備や人を定め、いつ、誰が・どの設備がその仕事を実施するか、仕事を時間軸に割りつけていく。これを生産スケジューリングという。生産スケジューリングには、オペレーション・スケジューリングとプロジェクト・スケジューリングがある。オペレーション・スケジューリングは、仕事の処理順序レイアウトに応じて、フローショップ・スケジューリングとジョブショップ・スケジューリングに大別される。

4　食を安全に生産・供給するために

　食の効率的・持続的供給には、食の安全が不可欠である。本節では、食品衛生の一般原則に関する規則とリスクを低減する衛生管理方式である HACCP システムを紹介する。また、食品の安全にかかわる情報管理とトレーサビリティについて述べる。

4-1　食品安全と品質管理

　食の生産・供給過程においては、汚染や劣化などのリスクを低減し安全性を確保することが必要である。1997 年に、国際食品規格委員会（Codex）は「食品衛生の一般原則に関する規則（Code of Practice: General Principles of Food Hygiene）CAC/RCP 1-1969」を採択した。この規則では、安全で安心な食品を供給するためには、効果的な衛生管理は極めて重要であり、農業従事者、製造加工者、食品取り扱い者、消費者を含むすべてのステークホルダー（関係者）は食品が安全で安定していることを保証する責任を有して

173

いるとして、その一般的原則を示している。食品衛生を守ることを基礎として、各規制やガイドラインとともに原則を使用することが求められており、原材料の生産から消費までの一連の流れ（フードチェーン）を対象に、各段階においてポイントとなる衛生管理に焦点を当てている。原材料の生産とその手順、食品の一連の流れにおける衛生の原則、食品の安全性・安定性維持のための消費者情報が規定されている。フードチェーンとは食品の流れをフードの連鎖（チェーン：Chain）として捉える考え方であり、プロセスを連鎖と表している。

　安全性確保においては、フードチェーン全体での管理が重要であり、チェーンの中でどこか一つでも安全でないプロセスが含まれていると安全性を完全に担保できない。そのため、原材料の生産における環境衛生から、貯蔵および輸送、原材料の生産時の洗浄、保守管理およびヒトの衛生、施設の衛生管理、装置・設備、包装、水の管理など関連要素すべてを対象に、網羅的な管理をおこなう努力が求められる。

4-2 HACCP システム

　HACCP（ハサップ）とは、Hazard（危害）、Analysis（分析）、Critical（重要）、Control（管理）、Point（点）の略で、「危害分析管理方式」あるいは「危害要因分析・必須管理点監視方式」と訳される。1960 年代に、米国で食の安全性確保を目的に開発された食品の衛生管理方式である。食品安全においては、バリューチェーン全体の各工程を対象に、網羅的に管理・監視をおこない、安全性を確保することが望ましいが、一連のプロセスにおける工程全てを同等に扱い、厳重な管理をおこなうことは現実的には難しい。そこで、HACCP システムでは、各工程において、そこで生じうる危害を予測しリスクを評価した上で、危害の防止につながる特に重要な工程を事前に定め、重要工程を継続的に監視・記録する。それぞれの製造工程で危害分析をおこない、安全性に危害を与える可能性がある微生物や異物などの危害原因

第9章　食の価値づくり

物質の分析と、その発生要因、危害の頻度や影響力の大きさなどを評価しリスト化して記録する。その後、リスト化されたそれぞれの危害を適切に防止できる箇所、すなわち危害防止につながる特に重要な工程に管理点を設定し、その管理点を重点的に管理する。作業の方法や監視の結果を文書として記録し、あらかじめ定めた HACCP プラン通りに作業手順や仕事が実施されているかを継続的に監視し、証拠(記録)として残す管理方式である。

　HACCP システム以前の従来の管理手法では、一定率の製品を抜き取って検査する抜取検査が一般的であった。これに対して、HACCP システムではより効果的に問題のある製品の出荷を未然に防止し、食品の安全確保を図る。

　食品安全確保においては、食品加工に加えて、農作物の生産段階での安全管理も重要である。栽培、収穫、調製、出荷までの各工程を点検し、リスクを除去・低減させる管理システムには GAP (Good Agricultural Practice) がある。GAP は、農業生産工程管理や適正農業規範と呼ばれ、農林水産省により各工程での点検項目が示されている (「農業生産工程管理 (GAP) の共通基盤に関するガイドライン」)。ガイドラインでは、食品安全を主な目的とする取り組みを、ほ場環境の確認と衛生管理、農薬の使用、水の使用、肥料・培養液の使用、作業者等の衛生管理、機械・施設・容器等の衛生管理、収穫以降の農作物の管理の区分に分け、取り組み事項を定めている。

4-3　食の情報管理とトレーサビリティ

　食の安全確保に関連して、各事業者が食品を取り扱う際の記録を保存しておき、何か事故が発生した際に食品の移動を把握する食品トレーサビリティシステムの構築が進んでいる。事故が起こった際には、事故発生時点からフードチェーンのプロセスを逆向きにさかのぼって原因を究明する (遡及)。あるいは、問題食品がどこに移動していったか流通先を追跡することで、迅速な商品の回収を可能とする。また情報の透明化は、消費者や取引

175

業者からの信頼確保に役立つことに加えて、フードチェーン各事業者の責任を明確化できる。

5 食の持続可能性をめざして

　食の持続的な生産・供給・消費を考えるにあたって、持続可能性に触れる。「持続可能性（サステナビリティ：sustainability）」という言葉は現在では広く一般に聞かれるようになったが、1987年の「国連環境と開発に関する世界委員会」により出された報告書 *Our Common Future*（邦題：『地球の未来を守るために』）(Brundtland Report, World Commission on Environment and Development) をきっかけに世界に広く認知された。この報告書では、持続可能性は「将来の世代のニーズを満たす能力を損なうことなく、今日の世代のニーズを満たすような開発」と定義されている。

　持続可能な発展においては、環境保全と経済成長に加えて、人間の社会的側面の充実が重要であることが指摘されてきた。「環境面」・「経済面」・「社会面」は持続可能性を支える3つの柱、すなわちトリプルボトムライン（図5）として、持続可能社会においては、これら3要素がバランス良く成り立つことが求められている。食を持続的・効率的に供給・消費するためには、コストや生産性などの効率面だけでなく、生産・供給プロセスにおける環境負荷や廃棄物の削減、省エネルギー化、天然資源保護などの環境面や、食生産に関わる雇用および食文化などの社会面を考えることが必要である。「環境」・「経済」・「社会」の3つの側面を統合的に評価し、3要素がバランス良く供給できるようなしくみを目指すことが求められる。

176

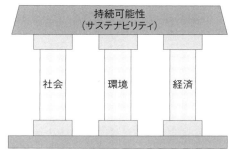

図 5　サステナビリティを支える 3 つの柱
出所：sustainability social economic environmental の画像をもとに筆者作成。

より深く学びたい人のために

石井浩介、飯野謙次『価値づくり設計』養賢堂、2008 年。

北郷薫『設計工学シリーズ 1 設計工学基礎』丸善出版、1972 年。

豊田淨彦、内野敏剛、北村豊（編）『農産食品プロセス工学』文永堂出版、2015 年。

内藤耕（編）『サービス工学入門』東京大学出版会、2009 年。

中野冠、湊宣明『経営工学のためのシステムズアプローチ』講談社、2012 年。

林弘通、堀内孝、和仁皓明『基礎食品工学』建帛社、1996 年。

人見勝人『入門編 生産システム工学 第 5 版——総合生産学への途』共立出版、2011 年。

ベルガンティ、ロベルト『デザイン・ドリブン・イノベーション』佐藤典司（監訳）、岩谷昌樹・八重樫文（監訳・訳）、立命館大学 DML（訳）、クロスメディア・パブリッシング、2016 年。

Column

| コラム | 顧客満足のためには、従業員満足が大事!? |

顧客満足度とサービス品質は密接に関係しており、企業は効率化を図りながらもサービス品質を維持・向上させ顧客満足度を高めることが求められている。生産と消費が同時におこなわれるサービス産業では、従業員と顧客との距離が比較的近い。従業員満足の増加は、従業員のパフォーマンスを向上させ、よりよいサービス提供につながることによって顧客満足度を高めることや、従業員と顧客は相互に影響し合うとする「サービス・プロフィット・チェーン」（J. S. Heskett ら）が提案されている。特に外食産業は、属人的な作業や手作業が数多く存在するため、従業員の状態がサービス品質により強く影響する可能性がある。

　レストランサービスを対象に職種（担当する作業）における顧客接点および顧客志向性の違いに着目した研究では、職種によって、従業員満足と顧客満足の関係モデルの内部構造が異なることがわかった。この研究では、レストランで働く接客担当、調理担当、配膳・洗い場担当の従業員が対象であるため、職種共通の傾向として、「従業員満足」と仕事への愛着・好きな仕事はつながりが強い。「顧客満足へのつながり」と顧客満足向上意欲およびサービス品質意識は、つながりが強いことがわかった。一方で、自分の仕事が顧客満足につながると感じているか、および、その「顧客満足へのつながり」と技能向上やスキル増加への意欲の関係は、職種によって異なることが明らかになった。職種によって、担当作業における顧客接点や、有する技能と提供品質の関係に対する意識が異なることが影響していると考えられる。

　近年、食サービス産業では、深刻な労働力不足や、従業員の多様化（国際化、高齢化、雇用形態）が指摘されている。食の価値づくりにおいては、多様なステークホルダーの違いや特性を把握した上で、うまく相互作用がするようなしくみづくりが求められる。

———————————————————— 終 章

食科学の確立をめざして
文化人類学の立場から

キーワード

食科学
●
ガストロノミー
●
食文化
●
食事文化
●
自然科学
●
社会科学
●
人文科学

この章で学ぶこと

　「食文化」という言葉が今ではふつうに使われているが、食文化の研究が始まったのは、ここ 40 年くらいのことである。その研究対象は、食料生産や食料の流通、食物の栄養や食物摂取と人体の生理に関する観念など、食に関するあらゆる事項の文化的側面である。日本における食文化の研究は、どのようにおこなわれてきたのだろうか。それを振り返ってみよう。そして、この食文化の研究を土台として創りだされる「食科学（Gastronomic Arts and Sciences）」とはどのような学問なのだろうか。

　本章では、食との関わりのなかで、人文科学、社会科学、自然科学からの研究成果を視野に捉えながら、具体的に社会の発展へ還元する実践を可能とする総合的な学びの体系である「食科学」の成り立ちを示し、今後どのように進んでいくのかをみていこう。

1 食の文化を学ぶ

「食文化」という言葉は今や広く使われているが、食文化の研究が始まったのは、ここ40年くらいのことである。

この食文化研究の日本における第一人者は石毛直道である。1937年に生まれ、考古学を学んだのち、フィールドワークに従事するうちに文化人類学に興味をもつようになった。世界100か国以上に足を運び、現地の料理を「鉄の胃袋」に収めてきた。そして、「食」を文化として研究し、1969年の『食生活を探検する』（文芸春秋）を皮切りに、数多くの食にまつわる著作・論文を執筆してきた。その数多くの著作・論文のなかから自ら選んだ『石毛直道自選著作集』（全12巻、ドメス出版）が2013年に刊行されたが、第2巻『食文化研究の視野』の「序章　なぜ食の文化なのか」の冒頭で次のように述べている。

　「食べる」ことを文化として考えていくのが、食事文化であり、食の文化である。図1の「食の文化マップ」にみるように、食べることに関する学問はじつにたくさんある。ところが、従来の研究は、おもに食物をモノとしてあつかう農学の分野、食物をどう加工するのかの調理の分野、また食べたものがどう人体にとりいれられるかという生理、栄養学の分野に話題が集中していたように思う。すなわち図1の左側の「生産」の領域の技術・経済と右側上の「生体」の分野については、これまでにかなり語られてきたといえる。しかし、そこでは食べる人の心の問題までにはあまり考えがおよんでいなかったのではなかろうか。食の文化の本質は、食物や食事にたいする態度をきめている精神のなかにひそむもの、すなわち人々の食物に関する観念や価値の体系であるといえる。食べることに関するモノや技術、人体のメカニズムをいわばハードウェアとしたら、これはソフトウェアにあたるものである。

終章　食科学の確立をめざして

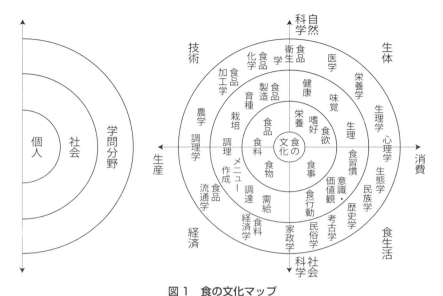

図1　食の文化マップ
出所：石毛直道自選著作集第2巻『食文化研究の視野』（ドメス出版）、10頁 図1より作成。

　この冒頭の文では、石毛は「食事文化」と「食の文化」という言葉を併記しているが、1973年に執筆した「食事文化研究の視野」（『世界の食事文化』ドメス出版）において、「食文化（食の文化）」を「食料生産や食料の流通、食物の栄養や食物摂取と人体の生理に関する観念など、食に関するあらゆる事項の文化的側面を対象としている」と定義し、それに対して「食事文化」は「料理を中心とする食品加工体系と、食物に対する価値観と食に対する人間のふるまい方、すなわち食行動の体系に関する事柄」と定義し、食文化よりは狭い範囲の事項を対象としている。石毛の図1「食の文化マップ」でいえば、食の文化が全体を指すのに対し、食事文化は右下の四半分を指すことになる。

　この違いについて、石毛の国立民族学博物館の同僚であり、薬学から文化人類学に進んだ吉田集而が「人類の食文化」（『講座　食の文化』第1巻、農文協、1998年）で次のようにわかりやすく説明している。

181

食文化は、食物の生産から人の胃袋に入るまでをその範囲とする。すなわち食物をつくること、貯蔵すること、加工すること、運ぶこと、売ること、買うこと、調理すること、並べること、食べること、味わうこと、消化すること、までが食文化の範囲であろう。このうち、食物をつくることから加工することまでを、食の生産文化とよんでいいであろう。そして運ぶことから買うことまでを食の流通文化、そして調理することから消化することまでを食事文化と呼よぶことができる。ただし、各項目を独立させて、たとえば貯蔵することを独立させて貯蔵文化とよぶことも可能である。同様に、調理することを調理文化とよぶことも可能であるし、食べることだけを取り出して、狭義の食事文化ということも可能である。

2 食科学とは

　私たちは、石毛のいう「食文化（食の文化）」、すなわち吉田のいう「食物の生産から人の胃袋にはいるまで」の幅広い領域を対象とする学問を「食科学」と呼ぶことにする。この「食科学」を体系的に考察するためには、図1「食の文化マップ」でもわかるように、学際的な研究が必要となる。

　石毛は前述の「序章　なぜ食の文化なのか」で、「食の文化は既存学問からはみ出した異端児」、「雑学から学際的研究へ」という節をたて、既存の学問分野の枠組みからうって出て、それぞれの問題を共通の場にもちだして、学際的な討論をおこなうことで、個別の分野を足し算したのではなく掛け算の効果を生むようになれば、「総合的な食の学問」というものに発展していく可能性をはらんでいると、「望まれる学際的研究」を図2のように提示している。

　一方、和仁皓明も1991年に出版されたフィールドハウス（Paul

終章　食科学の確立をめざして

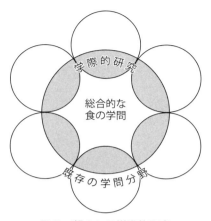

図2　望まれる学際的研究
出所：石毛直道自選著作集第2巻『食文化研究の視野』（ドメス出版）、20頁 図4より作成。

Fieldhouse）の『食と栄養の文化人類学——ヒトは何故それを食べるか』（中央法規出版、1991年）の「訳者あとがき」で、食文化の研究のあり方を述べている。和仁は、1931年に生まれ、農学部を卒業し、「食品科学をバックグラウンドにし、食物の嗜好や受容性の心理学的解明やその時間的変遷について学び、それらを出発点として食の文化現象の解釈を科学的な方法論で体系化することを研究課題としようとしている一研究者」との本人の弁がある。

　和仁は食文化の研究のあり方について、「日本人は箸を使って上手にご飯を食べる」という問題を例示する。その現象を形成しているものは、「東南アジアモンスーン地域の気象、ジャポニカ種というコメの品種、その澱粉組成、炊飯方法、茶碗・箸という食具、茶碗を口に持ち上げる食べ方、箸の持ち方の躾などであって、それらがすべて多次元的に相互に絡み合ってその食行動を形成しているのである。さらにこれらの文化的要因の時間的変遷に着目するならば、地球規模の温暖化現象のような自然の与件における変化が考えられるし、技術の発達や模倣ならびに規約の概念を構成する価値観の変遷などを研究の対象にしなければならない。それらは情報の時

183

間的・空間的な伝達現象と相互に関連することでもある」と解説する。

　そして、「人間の食文化を形成する要因群を挙げれば、「自然の条件（nature）」「人間の技術（art）」「社会の規約（rule）」の三要因群におおまかに分類できる。「自然の条件」とは文化形成としての地象、気象の条件であり、「人間の技術」とは食物の獲得、調製、保存、流通などの、自然物体に手を加えて人間にとって食用可能な食物にすることである。そして「社会の規約」とは宗教、禁制、儀礼のような社会規範ならびに作法、食制、流行のような風俗などのことで、従来狭い意味で食に関する文化現象としてよく引用されていた分野である。これらの要因群は従来の学問体系の分類では、「自然」と「技術」は概ね自然科学的方法で、「規約」は人文科学または社会科学の研究されていた。しかしこれらの「食の文化」を形成する要因群は相互に密接に関連している」と指摘し、「食の文化」を体系的に考察しようということになると、自然科学、人文科学、社会科学の諸分野にまたがる複合科学、または学際的分野を対象としなければならないと論じるのである。

　さらに、和仁によれば、「しかるに、本邦における「食の文化」という学際的研究分野の現状はどうかということになると、はなはだ寒心すべき状態といわざるを得ない。確かに自然科学分野では、栄養学、食品学、調理学の研究者たちが、人文・社会科学分野では民族学、民俗学、文化人類学などの研究者たちがそれぞれ個別に研究しているが、その研究交流ということになると有志の研究集会が持たれる程度で、専攻講座が開設されている大学もなければ学会もない」という。これが90年代の状況であった。

　ちなみに、1949年に設立された日本家政学会の中に食文化研究部会が発足したのが1983年、日本食生活学会が発足したのは1990年である。そして、1994年に日本フードシステム学会が、1995年に日本フードサービス学会が発足することになる。これらの学会に先立って1982年に公益財団法人・味の素食の文化センターが、社会・人文・自然科学の研究者やジャーナリストが一堂に会し、分野を超えて食のテーマについて議論する食の文化フォーラムを発足させている。その後、毎年テーマを定めてフォーラムを

終章　食科学の確立をめざして

開催し、その成果を『食の文化フォーラム』シリーズとしてドメス出版から刊行しているのは特筆すべきであろう。食が文化として研究されはじめたのは 80 年代であり、学会の発足は民間の研究に遅れをとり、90 年代になって展開してきたといえよう。

　2000 年代になり、多くの複合科学分野において学際的研究の重要性が認識されてきた。そこで私たちは、これまでの食文化の研究を踏まえて、食との関わりのなかで、人文科学、社会科学、自然科学からの研究成果を視野に捉えながら、具体的に社会の発展へ還元する実践を可能とするための総合的な学びの体系として「食科学 (Gastronomic Arts and Sciences)」を提唱するのである。

3　食科学は自然科学？　家政学？

　石毛は 2009 年に開催された「食の文化シンポジウム」の報告書『「食」——その伝統と未来』（熊倉功夫編、ドメス出版）において、「食文化の研究は、あたらしい研究分野である。1980 年代になるまで、食文化という言葉は知られていなかった。それまでの日本での食に関係する学問分野の主流は、農学、食品加工学、調理学、栄養学などの自然科学によって占められていた」と回顧している。食というと、すぐに自然科学と結び付けられて考えられていたようである。ことに「食科学」というと、「科学」という文字のもつイメージから、自然科学だけを指すようにとらえられてきたようである。

　こうした事態について生態学者、民族学者、情報学者、比較文明学者であり、初代の国立民族学博物館館長を務めた梅棹忠夫は、1982 年に「食と文明」（石毛直道 編『地球時代の食の文化』に所収、平凡社）の中で、「食事のことが文化として認識されることが少なかったというのは、まったくふしぎなほどであります」、「ながく食事を栄養レベルでとらえるという考え方が主流をしめていたということは、おどろくべきことかもしれません」と述

185

べている。

　梅棹は「医師の処方箋も、料理の調理法も、両方とも同じレシピ（recipe）という言葉が使われているように、食べものの問題を、人間の身体的、あるいは肉体的問題にむすびつけて考え、あるいは食事を人間の健康法にむすびつけという考え方自体は、古代以来の伝統的な考え方である」と認めつつ、「英語では物質的、あるいは物理的ということと身体的ということをどちらもフィジカル（physical）という言葉であらわすことから、食物・食事の問題を、物質的、肉体的な問題としてとらえる考え方をフィジカリズムという言葉で呼ぶ」としたうえで、「こういう伝統的なフィジカリズムの食物観に対して、近代においてこのうえない強力なうしろ楯となったのが、普遍的科学としての生理学であり、またそのうえにたった栄養学である」と指摘する。そして、日本では「食事については、いまだに日本食事学会というものは存在いたしません。大学にあるのはもっぱら栄養学科であり、食物学科というフィジカリズムの学科だけでございます」と述べ、日本の大学における食の研究は、生理学、栄養学といった自然科学に偏ってきたと振り返り、これに疑問をはさんでいる。

　これに先立って梅棹は、1972年に毎日新聞に連載した「新家庭論――情報の家政学を目ざして」（「梅棹忠夫著作集」第9巻『女性と文明』に収録、中央公論社）の中で、「家政学は家庭生活を中心とする総合科学であるといわれるが、家庭を一つのシステムとしてみる見かたで組みたてられているわけではない。家政学は、家庭をむしろ分析的にとらえて、食物学、被服学、住居学、児童学、家庭経営学などの諸分野を展開させた。（中略）その一分野としての食物学をみると、食物学が栄養学になり、栄養学がさらに生化学にふかいりするというぐあいである」と、日本の家政学は、栄養学や生化学、調理学に偏重してしまったと指摘している。そして、家政学は「システム工学の一種」であり、「現代の家庭は、めまぐるしく変化する環境に対応しつつ、日々、自己更新をくりかえしていかなければならない。毎日、家庭の設計をやりかえ、全体として物質やエネルギーをどう配分するかが問題

終章　食科学の確立をめざして

である。変動期の家政学は、変動に対応できる変動系家政学でなければならないだろう」と提唱する。

　ここで「家政学」という言葉に関連して興味深いのは、オイコノミアという言葉である。最近は、NHKのEテレで「オイコノミア」という番組があるので知っている人もいるだろうが、英語のエコノミーは元来、ギリシア語のオイコノミアに由来する。そして、オイコノミアは普通、家政または家政術と邦訳されているのである。逆説的に考えると、本来の家政学は、文字通りホーム・マネジメントということになる。その意味では、食科学は本来の家政学において研究される分野ということができるかもしれない（石毛の「食の文化マップ」では、家政学を社会科学に位置づけている）。

4　ガストロノミー

　私たちは、「食科学」に対応する英語名を Gastronomic Arts and Sciences とする。この言葉のもとになる語がガストロノミー（Gastronomy）である。ガストロノミーは、一般に美食術、美食学と訳されることが多いが、もともとは古代ギリシャ語の「ガストロス」（γαστρος：消化器）＋「ノモス」（νομος：学問）から成る合成語であり、文化と料理の関係を考察することをいう。すなわち、さまざまな文化的要素で構成され、人文科学、社会科学、さらには自然科学にも関連がある。

　その整った研究としては、19世紀の法律家であり美食家でもあったブリア＝サヴァラン（Brillat-Savarin）（1755〜1826）の著書『美味礼賛』（原標題は『味覚の生理学——超絶的美味学の瞑想』）にまでさかのぼる。日本では1967年に関根秀雄・戸部松実訳により岩波文庫として刊行されているが、2017年に玉村豊男がいくつかの章をまるごと省略するなど本の構成を改変しているものの、原文の雰囲気を伝えると同時にわかりやすさを第一に考えた翻訳に解説を加えたものが新潮社から刊行されている。

187

この書は、それまでのレシピ本と違い、感覚と食べ物の関係を考察し、食卓での楽しみを科学として取り上げたものであり、ブリア＝サヴァランはガストロノミーを「栄養のうえから言って人間に関係のあるあらゆる事柄の整理された知識を言う」としている。そして、ガストロノミーは「博物学につながる。食用になる諸物質の分類を行う点で。物理学にもつながる。それら食品の成分や性質を検査するから。化学にもつながる。それらをいろいろに分析したり分解したりするから。料理術にもつながる。食品を調理しそれを味覚に快いものにする技術として。商業にも関係がある。いかにしてその消費する食品類を安く手に入れるかに骨折り、またその売り出したものをいかに有利にさばくべきかに苦心するから。最後に国民経済にも関係がある。その提供するものは課税の対象ともなるし、諸国家間の交易の対象ともなるから」とも述べている。

　また、世界ではすでに「ガストロノミー（Gastronomy）」研究がおこなわれている。その代表的な研究機関がイタリアの Università degli Studi di Scienze Gastronomiche（英語名は The University of Gastronomic Sciences）であり、日本語名では「食科学大学」である。2004 年に開設され、その創設者であるペトリーニ（Carlo Petrini）は、「ガストロノミーは複数の分野にまたがる科学であり、すべての局面における物質的な食、文化的な食に関するあらゆる知識を動員し、それらを交流させるものである。加工食品が伝統的な手法で作られたか否か、食べ物が倫理的な方法で流通しているか否か、科学的に言及され分析されているかを吟味するものである」と定義している。この文の中にすでに食科学大学が、「正式な」科学と古来からの食の知恵を同等に扱う「新しいガストロノミー」を目指しているということがわかる。

終章　食科学の確立をめざして

5 **食科学の方法論**

　石毛は前述の「序章　なぜ食の文化なのか」において、「食の文化の研究は新しい分野なだけに、研究の方法も確立されていない。それぞれの研究者が自分の対象とする課題をめぐって、手作りの方法を開発すべき段階にあるのが現状である」と述べている。しかし、研究というものはやみくもに進めればよいというものではなくて、方法論に従って研究を進めていく必要がある。食科学においては、方法論をどのように考えたらよいのだろうか。

　方法論は学問分野によってそれぞれ異なっている。食科学の場合、さまざまな学問分野の総合であるから、それぞれの学問分野ごとの多様な方法論が生まれてくる。しかし、いかなる学問分野においても共通する、基礎的な方法論はある。

　フィールドワーク、文献による史資料、実験など、それぞれの学問の分野によって違いはあるが、データを収集することは不可欠な作業である。また、質的分析と量的分析の違いはあるが、集めたデータを分析するということも不可欠である。つまり、データを収集し、分析するという方法論はすべての研究に共通するものである。そのうえで、そこから得られる結果を、いかに論理的に説明するかが、学問の基礎である。食科学の方法論としても、このことが土台になることは間違いない。

　そのうえで、前述した吉田は、「従来の自然科学にもとづく食の研究は客観的方法論に基づいていたが、文化としての食の研究としては『間主観的方法論』がある」と提起している。客観的方法論は、普遍的、分析的、一義的、定量的、演繹的、仮説検証型、実験的、再現性であるのに対し、間主観的方法論は、個別的、全体的、多義的、定性的、仮説的推論（アブダクション）、仮説発見型、観察的、一回性という性格をもつものとしている。そして、「私は、この方法論がすべてであるとは思わない。ほかにあるかもしれないし、科学的方法論を排除するものでもない。むしろ組み合わせて用いられ

189

るべきであると考えている」と述べている。私もまた人文科学の一分野である文化人類学の立場から食科学について述べてきたが、その確たる方法論は提示できずにいる。

　ただ、「食」の研究においては、食ならではの特色がある。一つは、食は何よりも身近な対象であるということである。食は毎日の生活において、私たちが体験していることである。自分自身の毎日の食事、スーパーのチラシ、コンビニの棚も研究の対象となる。しかし、逆に自分の身の回りを対象とすることは、それを相対化してみるには、「比較すること」が必要になってくる。比較することによって、共通性と多様性を抽出することができる。これは「空間的」あるいは「共時的」な視点ともいえる。

　もう一つは、食は人類が生まれたときから抱えてきた問題であるということである。食を調理するために、人類は火を使用することにはじまり、薪・炭、ガス、電気、電磁波とエネルギー源を開発してきた。人類はまた、食を確保するために、狩猟・採集、牧畜、農耕、そして工業化という生業を生み出してきた。それにより人類は生活の様式を変化させてきた。そうした生活の変化の中で、食の文化が変化してきた。そして、食は、異なる文化間の交流の歴史によっても作られてきた。つまり、食の文化の形成を知るには「歴史を知ること」が大切である。これは「時間的」あるいは「通時的」な視点ともいえる。

　こうした自文化と異文化との比較の視点と、過去にたどってきた軌跡を整理する歴史の視点に加えて、食の国際化が進む今、食の未来を考えるにあたっては、さらに新しい視点が必要とされるであろう。

6　食科学の将来

　今日の科学・技術の展開は、イノベーションの速度の高度化というだけでなく、何か、根本的に新たな段階に突入しているのではなかろうか。脳

科学や情報技術の展開の上に AI（人口知能）や IoT（モノのインターネット）や
ロボット技術がはなばなしく進化したが、食科学の研究方法にも、これま
でとはちがった新たな展開が生み出されるにちがいない。

　たとえば、私の専攻する文化人類学の役割の一つに「文化の翻訳」がある
が、機械翻訳の世界では「統計翻訳」から「ニューラル翻訳」への切り替え
という新しい動きが始まっている。従来の「統計翻訳」は、対訳データを統
計処理し、どんな単語や言い回しで翻訳されたか確率を調べ、翻訳を組み
立てていく。一方、「ニューラル翻訳」の一番の特徴は人間の脳の神経回路
をモデルにした「ニューラルネットワーク」型 AI 技術を用いて、大量の対
訳データを読み込むことで、AI 自らが「翻訳のコツ」を身につける。ニュー
ラル方式が、一つの文章を最後まで読み込んでから、全体の文脈をみて翻
訳するのに対し、統計翻訳は文章を途中で区切って翻訳を始める。まだ、
ニューラル方式は重要単語が翻訳で抜け落ちるクセがあり、改良する必要
はあるようだが、世代交代のうねりがあるという。

　どうやら AI は、複雑な事象も、個々の要素に分解して細部を理解して
いけば、すべてを体系的に理解できるという「還元主義的な科学」から卒業
したもののようだ。吉田のいう「間主観的方法論」と通じるところがあるよ
うに思える。加えて AI は、大量のデータを食べれば食べるほど賢くなる
ようである。食の世界には、ビッグデータといわれる大量のデータがある。
すでにレシピの蓄積といったこともはじめられている。これにロボット技
術を結び付けて、たとえばすぐれた料理人のレシピをロボットに調理させ
れば、おいしい料理ができることになる。すでに IoT が杜氏に代わって酒
の発酵管理をするなど、食品加工にロボットが登場している。このように
AI 技術やロボット技術などを導入した新たな変革が起こり始めているが、
今後は私たちの想像を超える大きな革新（イノベーション）も起こるにちがい
ない。

　しかし、イノベーションを説明するたとえ話として「馬車をいくらつな
いでも鉄道にはならない」というものがあるが、馬車のビッグデータを AI

に学習させても、それは馬車の改良を促しても、鉄道の発明には直結しない。つまり、AIそのものは新しい価値や成長を生み出すわけではない。イノベーションを起こすには、新しい価値や社会制度の変革が必要だ。だが、それは人間にしかできない。とすれば、倫理学や法学がかかわってくる。

　自然科学の基礎分野では学問の使命は普遍的な原理の探求にあるとされるが、この原理が、本来であれば問題解決に資する応用研究の分野にもやや無原則的に波及してきており、問題解決に欠かすことのできない価値判断の作業がないがしろにされてきたことは否めない。それが研究を社会からの乖離させることに拍車をかけてきているといえよう。

　食科学の使命は、人間がかかえる食の問題を解決することにある。したがって、食科学は、これまでの自然科学とともに、価値判断にかかわる学問分野である人文科学と、社会が抱える諸問題を系統的・実証的に分析する社会科学との対話・協同がなされなければならないのはいうまでもない。

7　おわりに

　食の文化研究を提唱してきた石毛直道、和仁皓明、吉田集而は、いわば「一人学際的研究者」であったが、これからの食科学は一人ではできない。石毛の「食の文化マップ」に示された学問分野だけではなく、食の国際化にともない国際経済学や国際政治学、食の世界へのIoT、AI、ロボットの導入にともない脳科学や情報工学など、新たな学問分野とも共同していかなければならない。食科学の確立のためには、多くの人の力が必要である。「船頭多くして船山に登る」という言葉がある。指図する人間が多いために統一がとれず、見当違いの方向に物事が進んでしまうたとえである。しかし、新しい食科学を拓くには、山を越えなければならない。「船頭多くして船山に登る」とすれば、多くの船頭の力を合わせて、これまでの学問の山を越え、その山の向こうに広がる大海原に乗り出さなければいけないと考える。

終章　食科学の確立をめざして

　本書は『食科学入門』と題して、人文科学をカルチャー、社会科学をマネ
ジメント、自然科学をテクノロジーとして、カルチャーでは文化人類学、
地理学、歴史学、マネジメントでは社会学、経済学、経営学、テクノロジー
では心理学、栄養学、経営システム工学という9の学問分野のそれぞれの
専門家が船頭となって「食科学への扉」を開くための船出をした。それぞれ
の船頭は、本書を執筆するにあたっては、相互に議論をしていないが、領
域内はもちろん他領域の問題にも留意しており、食科学という船の向かう
先については考えを同じくしている。今後、このテキストを踏み台として、
さらに多くの学問分野の船頭たちが対話・協同を図り、この「シリーズ
食を学ぶ」において、その成果を出版していく予定である。

　読者の皆さんは、いわばその船に乗った乗客である。すべての章を読み
通して、私たちの船がどこに行くのかを見守っていただきたい。そして、
一緒に食科学の向かう道を追い求めていただきたい。

より深く学びたい人のために・特別編

　私たちが「食科学」と呼ぶ分野は、学際的な研究であり、それぞれの学問分野にお
いてすぐれたテキストが出版されてきている。ここでは比較的に学際的な研究をと
りあげているテキストを何冊か紹介しておく（品切れ、絶版になったものもある）。

(1) 石毛直道・鄭大聲（編）『食文化入門』講談社、1995年。

　　文化人類学と民俗学を中心に、食物、料理、食事行動などが論じられている
スタンダードな入門書といえる。巻末の参考文献に、Ⅰ〈食の文化フォーラム〉
シリーズ（ドメス出版）、Ⅱ〈週刊朝日百科　世界の食べもの〉シリーズ（朝
日新聞社）、Ⅲ歴史、Ⅳ事典、Ⅴその他、に分けて、それまでに出版されたも
のが掲載されている。

(2) 吉田集而・川端晶子（編）『新しい食学をめざして――調理学からのアプローチ』
建帛社、2000年。

　　序説「調理学がめざすもの」と終説「調理学研究の将来」によって、調理学
における細分化の危機と調理学に欠けている分野の研究の促進を目的とし、「新
しい調理学を考える」「理化学的調理学からのアプローチ」「調理学の未来的適
応」の3編をたてている。詳しくは『21世紀の調理学』（全7巻、建帛社）を
参照とある。

(3) 森枝卓士・南直人（編）『新・食文化入門』弘文堂、2004年。

　　文化、地理、考古学、日本史、世界史、文化人類学、調理学、公衆衛生学など、それぞれの専門的研究分野から学際的な食文化の検討を試みている。「あとがき」において、食文化論の代表的なものとして石毛直道・鄭大聲『食文化入門』（1995年）を紹介するとともに、吉川誠次『食文化論』（建帛社、1995年）、河合利光『比較食文化論──文化人類学の視点から』（建帛社、2000年）、岡田哲『食文化入門──百問百答』（東京堂出版、2003年）、原田信男『日本の食文化』（放送大学教育振興会、2004年）を挙げている。

(4) 原田信男ほか『食文化から社会がわかる！』青弓社、2009年。

　　「コメ志向」「食物教育」「調理とジェンダー」「スローフード」「一家だんらん」など、食にまつわる社会現象についての連続講演「形成される「食」イメージ」での発表を収録する。

(5) 『食の文化フォーラム』シリーズ、ドメス出版、1983年〜。

　　味の素食の文化センターが1982年から毎年「食」にかかわるさまざまなテーマを設定し年3回開催しているフォーラムの成果であり、2017年で35号を数える。

(6) 西江雅之『食べる　増補新版』青土社、2013年。

　　「「食べる」というテーマ一つでも、それぞれの文化において、何を「食べ物」とみなしているのかといったことから、どのように食べているのかといったことに至るまで、そのあり方は、実は極めて複雑なものなのです。さらに、人間という動物が行っていることは合理的に説明できることばかりではありません。なぜそれを「食べ物」と見なしているのかといったことは歴史や宗教上の経緯を長々と説明していっても、結局は、そうだからそうだとしか言えないことが多いのです。日常的なことこそ、まともに考え始めると、謎に満ちているのです」と書かれている。

(7) 伏木亨・山際寿一（編著）『いま「食べること」を問う』農文協、2006年。

　　その3部「「食べること」のこれから」には、「食と進化──人はなぜ熟したものを食べるのか？」、「食と情報──人間は情報に騙されるか」、「食と生理──なぜ人間はおいしいと感じるのか？」、「食とファッション──食は服と同じようにファッション化されるか」、「食と教育──食を通じて大人は何を教えるのか」、といった興味深いテーマによる対談がある。人間の進化にまつわる人類学、情報学、ファッション学、教育学もまた、食との関連をもっている。

Column

コラム 「ご飯」から広がる食科学研究

和仁皓明の提起した「日本人は箸を使って上手にご飯を食べる」というテーマを「食科学」の視点から学んでみよう。まずは、図書館やインターネットで、「日本」と「コメ（米）」をキーワードとして検索してみる。丸山清明『お米の大研究——イネの生態から文化とのかかわりまで』（PHP研究所、2015年）、根本博『日本の米づくり（全4巻）』（岩崎書店、2015年）、富山和子『日本の米——環境と文化はかく作られた』（中公新書、1993年）、松江勇次『作物生産からみた米の食味学』（養賢堂、2013年）などなど、吉田集而が研究対象として示した「つくる」から「味わう」まで、数十冊を下らない。

　文化人類学からのお薦めは、大貫恵美子（Emiko Ohnuki-Tierney）の『コメの人類学——日本人の自己認識』（岩波書店、1995年）である。コメは、いつごろから、どのようなかたちで日本文化のなかに根づき広まったのか。日本人がコメに象徴させてきた共通の認識、信仰、美学、神話とは何か……。コメを手がかりに、日本人および日本という国の自画像、アイデンティティの形成過程を古代から現代にいたるまで歴史的に分析し、社会、文化、日常生活の営みの中から抽出している。

　検索キーワードを「稲（イネ）」にまで広げてみよう。佐藤洋一郎の著書に、遺伝学から日本の稲作の起源をひも解く『DNAが語る稲作文明』（NHKブックス、1996年）やアジアの稲作文化の多様性を描く『稲と米の民族誌』（NHKブックス、2016年）がある。

　私も祖父江孝男（編）『稲からみたアジア社会』（日本放送出版協会、1988年）に「コメの食べ方——韓国食文化の特色について」を書いたことがある。そのテーマは「韓国人は匙と箸を使って上手にご飯を食べる」となる。日本と韓国のご飯の比較も面白い。

　「ご飯」から、食科学の研究をさまざまに広げてみよう。

◉ 執筆者紹介

◆ 編　者

朝倉 敏夫（Asakura, Toshio）　終章

専門は社会人類学、韓国社会研究。国立民族学博物館教授、立命館大学経済学部教授を経て、2018 年 4 月より立命館大学食マネジメント学部長、同学部教授。国立民族学博物館名誉教授。主な業績：『日本の焼肉　韓国の刺身』（農山漁村文化協会、1994 年）、『宮廷女官チャングムの誓い』（監修、日本放送協会出版、2005 年）、『世界の食文化①韓国』（農山漁村文化協会、2005 年）、『韓国食文化読本』（共編著、国立民族学博物館、2015 年）など。

井澤 裕司（Izawa, Hiroshi）　第 5 章

専門は金融論、行動ファイナンス。財団法人電力中央研究所経済研究所研究員、摂南大学経営情報学部助教授、立命館大学経済学部教授を経て、2018 年 4 月より立命館大学食マネジメント学部教授。主な業績：『実験でわかった！感じる株式投資』（武田ランダムハウスジャパン、2008 年）、「行動経済学と金融リテラシー：「冷静な投資判断」へ向けて」『季刊　個人金融』2017 年夏号、Borrowing Behavior and Attitudes Towards Risk and Time – Experimental Approach, *Journal of International Finance and Economics 11（1）*, 2011, 45-54、Non Expected Utility Maximizers Behave as if Expected Utility Maximizers: An Experimental Test, *Journal of Socio-Economics 38*, 2009, 622-629. など。

新村　　猛（Shimmura, Takeshi）　第 6 章

専門は食分野のサービス工学、人的資源管理論研究。博士（工学）。立命館大学客員教授、国立研究開発法人産業技術総合研究所人間情報研究部門客員研究員、がんこフードサービス株式会社取締役副社長。主な業績：『よくわかる MBA 総論』（コミニケ出版、2012 年）、『サービス工学——51 の技術と実践』（朝倉出版、編集委員、2012 年）、『がんこの挑戦』（生産性出版、共著、2011 年）、*Serviceology for Smart Service System*, Springer（分担執筆、2017 年）など。

和田 有史（Wada, Yuji）　第 7 章

専門は実験心理学。博士（心理学）。国立研究開発法人農業・食品産業技術総合研究機構食品総合研究所主任研究員、立命館大学理工学部教授等を経て、2018 年 4 月より立命館大学食マネジメント学部教授。2008 年より、*Appetite*（食の国際学術誌）Editor。主な業績：Taste of breath: the temporal order of taste and smell synchronized with breathing as a determinant for taste and olfactory integration, *Scientific Reports 7*, 2017, 8922.『食行動の科学「食べる」を読み解く』（朝倉書店、2017 年）、『味わいの認知科学——舌の先から脳の向こうまで』（勁草書房、2011 年）など。

◆ 執筆者

阿良田 麻里子 （Arata, Mariko）　第 1 章

専門は食文化研究、インドネシア研究、言語学、文化人類学。博士（文学）。東京工業大学「ぐるなび」食の未来創成寄附講座特任講師等を経て、2018 年 4 月より立命館大学食マネジメント学部教授。主な業績：『世界の食文化⑥インドネシア』（農文協、2008 年）、『文化を食べる 文化を飲む　グローカル化する世界の食とビジネス』（編著、ドメス出版、2017 年）、櫻田涼子他編『食をめぐる人類学』（共著、昭和堂、2017 年）など。

荒木 一視 （Araki, Hitoshi）　第 2 章

専門は地理学、人文地理学。博士（文学）。旭川大学経済学部助教授、山口大学教育学部助教授、山口大学教育学部教授を経て、2018 年 4 月より立命館大学食マネジメント学部教授。主な業績：『食料の地理学の小さな教科書』（編著、ナカニシヤ出版、2013 年）『モンスーンアジアのフードと風土』（共編著、明石書店、2012 年）など。

南　直人 （Minami, Naoto）　第 3 章

専門は西洋史学、食文化研究。博士（文学）。京都橘大学文学部教授を経て、2018 年 4 月より立命館大学食マネジメント学部教授。主な業績：『〈食〉から読み解くドイツ近代史』（ミネルヴァ書房、2015 年）、『世界の食文化⑱ドイツ』（農山漁村文化協会、2003 年）、ポール・フリードマン編『世界 食事の歴史——先史から現代まで』（共監訳・共訳、東洋書林、2009 年）、『ヨーロッパの舌はどう変わったか——十九世紀食卓革命』（講談社、1998 年）など。

安井 大輔 （Yasui, Daisuke）　第 4 章

専門は社会学、エスニシティ研究。日本学術振興会特別研究員を経て、明治学院大学社会学部専任講師。博士（文学）。主な業績：『沖縄らしさの社会学』（晃洋書房、2016 年）、『フードスタディーズ・ガイドブック』（編著、ナカニシヤ出版、2018 年）など。

増山 律子 （Masuyama, Ritsuko）　第 8 章

専門はビタミン D の生理作用、骨・ミネラル代謝。博士（農学）。国立健康・栄養研究所研究員、東京農業大学講師、カトリックルーヴェン大学（ベルギー）研究員、長崎大学大学院医歯薬学総合研究科准教授を経て、立命館大学食マネジメント学部教授。主な業績：Cell Metab 2008, J Clin Invest 2012, FASEB J 2018 など。

野中 朋美 （Nonaka, Tomomi）　第 9 章

専門は生産システム工学、サービス工学。博士（システムエンジニアリング学）。神戸大学大学院システム情報学研究科特命助教、青山学院大学理工学部経営システム工学科助教を経て、2018 年 4 月より立命館大学食マネジメント学部准教授。主な業績：顧客満足度を考慮した従業員満足度モデル レストランにおける職種による差異の分析（日本経営工学会論文誌、2016 年）、An EOQ Model for Reuse and Recycling Considering the Balance of Supply and Demand, *International Journal of Automation Technology*, 2015. など。

索引

アルファベット

AI 191-2
ATP（Adenosine tri-phosphate）109, 136-7, 141, 146
CSA（Community Supported Agriculture）72
EPS（Earns per Share）105
FPC（Food Policy Council）73
GAP（Good Agricultural Practice）175
HACCP（Hazard Analysis and Critical Control Point）106, 173-5
IoT（Internet of Things）102, 191-2
ROA（Return on Asset）103

あ

アクターネットワーク論 37
アミノ酸 137-9
　——スコア 138
　必須—— 137-8
石毛直道 180-2, 185, 192
意匠 160, 166
医食同源 11-2, 116
イスラーム 15-6, 18
　——教 14
　——教徒 16
　——法 16
イノベーション 167, 190-2
異文化 5, 67, 180
意味 7-8, 11-2
インセンティブ 94, 96, 112
インダストリアル・エンジニアリング 108
ウィトゲンシュタイン（Ludwig Wittgenstein）6
梅棹忠夫 185-6
栄養
　——アセスメント 142-3
　——機能食品 152-3
　——過剰症と欠乏症 146-7
栄養素
　三大—— 136-7
　五大—— 137
エスニシティ 67-8

エスニックフード（料理）54, 68
エネルギー 122, 136-7, 161, 166, 171
　——収支 161, 166
エンゲル係数 97
オイコノミア 187
オーガニック食品 72
オペレーションズ・リサーチ 108
オルソネーザル経路 123
オルタナティブ 72
温冷論 11

か

階級 66-7
外食 53-4, 66, 97, 166, 178
　——サービス 166
懐石料理 52
階層 66-7
外部性 84-6
買い物難民 73
価格 78, 80-9, 92, 95, 160
加工者 33
ガストロノミー（Gastronomy）101, 187-8
家政学 185-7
家族 59-60, 64-6
　——団らん 65-6
　——的類似性 6
価値 79-82, 87
　——設計 107, 112, 166
　食材の—— 82
　付加—— 87-8, 107-8, 114, 160
　文化的—— 10-2
カテゴリー 6-9
　——化 3, 5, 7
　オバート・—— 6
　カバート・—— 8
　古典的—— 6
カリウム 138-9, 140-2, 144, 147
カルシウム 138, 140, 143-4, 147
眼窩前頭皮質 124
環境決定論 27-8, 30, 34
感性的満腹感 129-130
乾燥操作 163
官能評価 134
機会費用 89-91

技術単位 164-5
機能性表示食品 153
規範 5, 9, 61, 65
忌避 14, 50
基本味 121-2
嗅覚 120, 123
　——受容体 124
嗅球 123-4
供給 80, 83
　——曲線 80-1
共食 41, 60, 65
キリスト教 16, 43
禁忌 14-5, 18
均衡価格 81-4
近代化 47, 53, 65
近代社会 47
クリスタラー（Walter Christaller）29
グローバル化 49, 59, 68-70
経営工学 107
経済財 79-80
原価計算 110-1
言語 3, 5-6
工業化 47-8, 53, 69
公共財 85
高血圧 142
香辛料 18, 42-3
工程設計 160
コーヒー 31, 46, 63, 97, 154, 163
顧客満足（度）172, 178
国内総生産 89
コショウ 35, 43
個人 61-4, 181
古典的条件づけ 128-9
ご飯 8-10, 30, 32-3, 136, 141, 183, 195
米 30-3, 42, 50, 53, 80-2, 114-5, 136, 195
小麦 34, 42, 44, 87-8, 136, 163
コロンブス 25
　——の交換 42-3, 52

さ

サービス 78, 160
　——業 107, 116, 171
　——経営工学 108
　——財 112
　——生産性 171
財 78, 112, 171

在庫管理 160-1, 172
サステナビリティ（持続可能性）176-7
砂糖 41-2, 46, 55, 122
産業革命 55, 101, 161
産地偽装 38
ジェンダー 59, 64-5
事業領域 105
脂質 136-40, 144, 155
 ——異常症 146
視床 124
市場 73, 78-83, 91-2, 132
 ——価格 70
 ——支配力 85
 ——の失敗 83-5, 96
 ——の役割 83
 ——メカニズム 77, 86
システムズエンジニアリング 169
自然科学 i, 106, 116, 181, 184-7, 189, 192-3
自然環境 28-31, 36-7, 69
社会 6, 13, 33, 51-3, 59-69, 75, 83, 89, 103, 176-7
 ——科学 i, 40, 61, 106, 181, 184-5, 187, 192
 ——学 11, 61-2, 67
 ——学的想像力 63-4
 ——貢献 172
 ——的余剰 82-4
 ——問題 62-4, 66, 74
 近代—— 47
 持続可能—— 176
ジャガイモ 41, 44-5, 47, 90-1
需給法則 80
主食 4, 8, 13, 18, 30-1, 53, 70, 136, 149
需要 80-3, 91-3
需要曲線 80-2, 84
受容体 120-4
狩猟採集 23, 34, 190
精進料理 51
消費者 33, 68-73, 86, 95, 166-8
 ——心理 106
 ——余剰 81-2
商品構成 160-1
商品連鎖 37
情報の非対称性 86, 95
食育 150-1
 ——基本法 151

食科学 i-ii, 48, 155, 182, 185
 ——研究 195
 ——大学 i, 188
 ——の実践 155
食サービス 107, 112, 178
食事
 ——作法 61, 65
 ——摂取基準 142-5, 149
 ——の社会学 61
 ——文化 180-2
食市民（フードシティズン）73
食情報 157
食制 9, 184
食選択 86, 92-3
食の
 ——安全性 55, 69, 71, 150, 173-5
 ——確保 79
 ——管理会計 110
 ——グローバル化 44, 54, 69
 ——砂漠 73
 ——分配 86
食品偽装 55
食品工学 160-2
食品成分表 142, 144
食物嫌悪学習 129
食文化 4, 12, 19, 30, 44, 50, 52-3, 67, 100, 150, 180-5
食養生学 48
食料不足 53, 70
触覚 125, 127
新奇性恐怖 129
人事制度 113
人文科学 i, 99, 113, 116, 179, 184-6, 190, 192
ジンメル（Georg Simmel）61-2
心理学 107, 120, 133-4
推奨量 143, 145
推定エネルギー必要量 143
推定平均必要量 143, 145
スーパーマーケット 33, 53, 72, 78, 102, 104
ステレオタイプ 131
ストラボン 24
スミス（Adam Smith）78
生活習慣病 145-6, 149-151, 155
生活の質（QOL）57
生活文化 4

生産 32-5, 42, 69, 78-9, 87-91
 ——工学 107
 ——システム 107-8, 160, 170-2
 ——者 32-3, 72, 86, 112
 ——者余剰 81-2
 ——スケジューリング 173
 ——と消費の同時性 112
 ——能力 173
 ——プロセス 107-8
 ——方式 160-1
 大量—— 47-8, 75, 107
製造原価 110
生物的操作 163
政府の失敗 96
性別役割分業 66
世界史 41-3, 49
 ——の教科書 41
設計 167
専業主婦 65
選択行動 79, 92, 114-5
総資産利益率 103
相対化 5, 190

た

ダーウィン（Charles Darwin）27
大饗料理 51
大航海時代 25, 38, 42-3
耐容上限量 143, 145
単位操作（unit operation）164-5
単一耕作化 69
たんぱく質 49, 136-40, 144-6, 149, 153
地域間の関係 31-5
チェーンストア 102
地産地消 72
茶 46, 51, 154
茶の湯 4, 52
チューネン（J. H. von Thünen）29
調味の文化圏 18
調味料 18, 51, 121
地理学 24-36
 ——前史 24
 近代—— 26
地理的環境 23
地理的情報 38
チンリン・ホワイ河（秦嶺・

199

淮河）線 30
適正農業規範 175
デザイン 107, 160-1, 167-8
ヘム鉄 141
典型色 126
伝統 28-9, 36, 186
伝熱操作 162-3
トウガラシ 18, 44, 46, 122
糖質 136-8, 140-1, 146, 155
——制限 157
トウモロコシ 42, 44-5, 95, 137
特定保健用食品 152-3
特別用途食品 152-3
都市化 47-8, 53, 70
トマト 44, 46, 137
共働き 66
トレーサビリティ 173, 175

な

中食 53, 66
ナトリウム 121, 138-9, 141-2, 144, 146-7
肉食 12, 14, 50-1, 53
二重過程理論 133
日本家政学会 184
日本食生活学会 184
日本フードサービス学会 184
日本フードシステム学会 184
認識 4-5, 8, 11, 19, 120, 125
——人類学 3, 5
認知言語学 5
農業 23, 42-3, 47, 50, 53, 68-70, 72, 86, 101
——革命 47
灌漑—— 42
有機—— 72
農業生産工程管理 175

は

ハイカルチャー 4
発酵食品 50, 154, 163
ハラール 15-8
——認証 16-7
バリューチェーン 107, 174
ハンティントン（Ellsworth Huntington）27
ビタミン 136-140, 145-8, 153

——B1 140-1, 147
——C 140-1, 147
脂溶性—— 141, 146
百科事典的な知識 5
ヒューマンファクター（人的要因）104, 112
費用 89-90, 169
品質 86, 104-6, 108-112, 160-2, 167, 173
——管理 160-1, 173
——評価 112, 115
ヒンドゥー教 14
ファストフード 69, 75, 102, 108, 166
ファミリーレストラン 102, 108, 113, 166
フィジカリズム 186
フード
——システム 59, 64, 68-70, 72, 75
——チェーン 32-6, 174-6
——デザート 73
——ネットワーク論 37
——ビジネス 12-3
——ファディズム 132
——レジーム論 37
仏教 50-1
物理品質 105-6, 109, 116
プトレマイオス 24
ブランド効果 130
ブリア＝サヴァラン（Brillat-Savarin）187-8
ブルデュー（Pierre Bourdieu）11, 67
プロセス 107-110, 160, 171-2, 174-6
プロトタイプ 7
プロバイオティックス 153, 155
文化 3-14, 18-9, 28-9, 36-7
——間摩擦 5
——資本 67
——人類学 3, 180-1, 183-4, 190-1
上位—— 4
分業 90-1
フンボルト（Alexander von Humboldt）26
粉粒体操作 163
ペトリーニ（Carlo Petrini）188
保健機能食品 152, 157

ホスピタリティー 105
本膳料理 52

ま

マーケット 78, 102, 167
マーケティング 106-7
サービス・—— 106
食—— 113
マニュファクチャー 104
味覚 120-3, 134, 149, 188
ミネラル 136-140, 145-7, 149
ミルズ（Charles Wright Mills）63
民俗分類 6
ムスリム 16-9
目安量 143, 145
目標量 142-3, 145, 149
モノカルチャー化 69
モンスーン 27, 49-50, 183

や

薬食同源 11-2
ユダヤ教 14, 16
洋食 53
吉田集而 181-2, 192, 195

ら

ライフサイクル 168
リービヒ（Justus Liebig）48
リスク 69, 93, 132, 173-5
——コミュニケーション 71
リッター（Carl Ritter）26
リン 138-9, 144, 147
冷蔵・冷凍技術 48
歴史学 40-1, 181
レシピ 102, 186, 188, 191
レトロネーザル経路 123
ロッシュ（Eleanor Rosch）7

わ

和食 4, 51, 54, 155
和仁皓明 182-4, 192, 195

シリーズ食を学ぶ

食科学入門
──食の総合的理解のために

2018 年 4 月 10 日　初版第 1 刷発行
2020 年 2 月 20 日　初版第 2 刷発行

編　者　　朝倉敏夫
　　　　　井澤裕司
　　　　　新村　猛
　　　　　和田有史

発行者　杉田啓三

〒 607-8494　京都市山科区日ノ岡堤谷町 3-1

発行所　株式会社　昭和堂

振替口座　01060-5-9347

TEL (075) 502-7500／FAX (075) 502-7501

ⓒ 2018　朝倉敏夫、井澤裕司、新村　猛、和田有史　ほか

印刷　モリモト印刷

ISBN978-4-8122-1705-4

＊落丁本・乱丁本はお取り替えいたします
Printed in Japan

本書のコピー、スキャン、デジタル化等の無断複製は著作権法上での例外を除き禁じられて
います。本書を代行業者等の第三者に依頼してスキャンやデジタル化することは、例え個人
や家庭内での利用でも著作権法違反です

新版 キーワードで読みとく 現代農業と食料・環境

いま知っておきたい122の必須テーマを、コンパクトに見開きで解説。生命を支える食の危機と、農村・地域社会の崩壊が進む現在、農業、食料、環境のからみ合う問題を解きほぐす。

第一線研究者が、初学者・実践者・生活者へおくる解説・入門書の決定版！

監修 『農業と経済』編集委員会

編 小池恒男
　　新山陽子
　　秋津元輝

B5判・288頁・2017年3月刊行
定価（本体2,400円+税）
ISBN978-4-8122-1614-9

目次

- I　国際時代の農林業
- II　日本経済と農林業
- III　環境保全と地域の持続性
- IV　農林業経営の展開と地域
- V　生産構造と生産要素
- VI　農産物加工・流通・消費と食品安全
- VII　農業財政金融と農協

図書出版 昭和堂